Mi primer Larousse
de
LEYENDAS
de la
MITOLOGÍA

A Axel, Robin, Fabrice y...
gracias a Gaëlle Baud

Ilustración de portada:
Magali **Bardos**

EDICIÓN ORIGINAL

Selección de textos y leyendas:
Thérèse **de Cherisey** y Vanessa **Henriette**
Dirección editorial: Françoise **Vibert-Guigue**
Edición: Brigitte **Bouhet**
Dirección artística: F. **Houssin** y C. **Ramadier**
Concepción gráfica y realización: **Double**, París
Dirección de la publicación: Marie-Pierre **Levallois**

EDICIÓN PARA AMÉRICA LATINA

Dirección editorial: Tomás **García**
Edición: Amalia **Estrada**
Asistencia editorial: Lourdes **Corona**
Coordinación de portadas: Mónica **Godínez**
Traducción: Ediciones Larousse con la colaboración
de Sara **Giambruno**
Diseño de portada: LDCG David **Jiménez**

Título original: *Mon premier Larousse de la Mythologie*
D.R. © MMV Larousse, S.A.
21, rue de Montparnasse 75 006 París

D.R. © MMVI Ediciones Larousse S.A. de C.V.
Londres núm. 247, México 06600, D. F.

ISBN 203-565-132-8 (Larousse, S.A.)
ISBN 970-22-1509-9 (Ediciones Larousse S.A. de C.V.)
978-970-22-1509-7

PRIMERA REIMPRESIÓN DE LA PRIMERA EDICIÓN

Impreso en Malasia – Printed in Malaysia

Mi primer Larousse
de
LEYENDAS
de la
MITOLOGÍA

LAROUSSE

ÍNDICE

JASÓN Y EL VELLOCINO DE ORO

Pelias era un rey cruel que había robado el trono a su hermano Eson. Un día este último tuvo un hijo, al que llamó Jasón, y a quien crió en las lejanas montañas. "Así", pensaba, "estará lejos del odioso Pelias".

La educación de Jasón se encomendó a Quirón, el centauro, una criatura fabulosa mitad hombre, mitad caballo. Prudente y sabio, tenía fama de desarrollar al mismo tiempo la fuerza y la inteligencia de los jóvenes que le confiaban. Cuando Jasón llegó a la adolescencia, el centauro le contó la historia de su familia. De inmediato, el joven exclamó: "¡Quirón, debo partir a Yolcos para reconquistar el trono que pertenecía a mi padre!"

El maestro accedió ante la determinación de Jasón.

Con una piel de pantera sobre los hombros, Jasón se puso en camino. Cuando se preguntaba cómo atravesar un arroyo tumultuoso, una mano se posó sobre su hombro. Era una mujer muy vieja: "¿Podrías ayudarme a atravesar el torrente?", preguntó con voz ronca.

Jasón tenía buen corazón: subió a la anciana sobre sus hombros y se lanzó a las aguas profundas y turbulentas. A veces la cabeza de Jasón desaparecía por completo bajo el agua y creía que se iba a ahogar, pero no desfalleció. A la mitad del trayecto sintió que el peso de su carga lo arrastraba peligrosamente hacia el fondo. Una de sus sandalias se atascó en el limo. Creyó que estaba a punto de morir, pero recobró el valor y logró salir del río, agotado, con las piernas temblorosas.

Cuando se volvió para hablar con la anciana, ésta se había transformado en una mujer altiva y hermosa. "Jasón", dijo, "soy la diosa Hera. Has demostrado mucho valor y desde ahora estarás bajo mi protección". El joven le dio las gracias y la diosa se eclipsó tal como había aparecido.

Con un pie descalzo, Jasón siguió su camino.

Su llegada a la ciudad de Yolcos fue bastante extraña. Ninguno de sus habitantes le dirigió la palabra, pero muchos lo miraban fijamente con la boca abierta. Su paso desencadenaba oleadas de murmullos. '¿Por qué me miran como un bicho raro?', se preguntaba Jasón. 'Una sandalia de más o de menos no es para tanto'.

Pero empezó a sentirse incómodo, aunque eso no le impidió llegar al palacio en donde pidió ser recibido por Pelias.

Un guardia le contó entonces la razón de la curiosidad de la gente: hacía tiempo, un oráculo predijo que Pelias sería destronado por un hombre que llegaría "calzado con una sola sandalia". Por ello, Jasón no se asombró cuando, al entrar al salón del trono, Pelias lanzó una mirada povorosa a su pie desnudo.

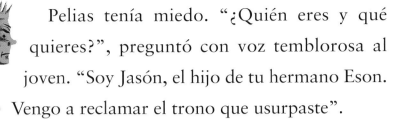

Pelias tenía miedo. "¿Quién eres y qué quieres?", preguntó con voz temblorosa al joven. "Soy Jasón, el hijo de tu hermano Eson. Vengo a reclamar el trono que usurpaste".

Pero para compensar su falta de valentía, Pelias era muy astuto.

"De acuerdo", respondió. "Te cederé el trono con una condición: tráeme el vellocino de oro".

Orgulloso y valiente, Jasón aceptó el reto.

Pelias estaba encantado con su estratagema porque todos los que habían tratado de conseguir el vellocino del famoso cordero habían perdido la vida. En efecto, ese vellocino maravilloso pertenecía a un rey de la lejana Cólquida, un país situado en el extremo este del mar Negro, y era custodiado por una monstruosa serpiente que jamás dormía. Seguro de que el joven se dirigía a la muerte, Pelias continuó: "Tómate tu tiempo, te doy un mes para preparar la expedición".

La expedición de los argonautas

Entonces Jasón le encargó al gran arquitecto Argos la construcción de un enorme navío. La proa de la nave fue esculpida en un pedazo de roble sagrado de Dodona, que Atenea le había regalado. Esa madera mágica, dotada de palabra, tenía el poder de anunciar acontecimientos futuros. Una vez terminado, el extraordinario navío fue bautizado como Argo. Una vez anunciada la empresa por toda Grecia con bombo y platillo, cincuenta héroes famosos acudieron a participar en la expedición. Les llamaron *los argonautas*. Entre ellos estaban los dos hermanos alados, hijos del Viento del Norte; Orfeo, el músico capaz de encantar a bestias y a hombres; Peleo, el padre de Aquiles, así como los gemelos Cástor y Pólux. Todos estos valientes guerreros se embarcaron en un muy largo viaje hacia la conquista del vellocino de oro. Durante la travesía tuvieron que vencer muchos obstáculos y luchar en innumerables combates.

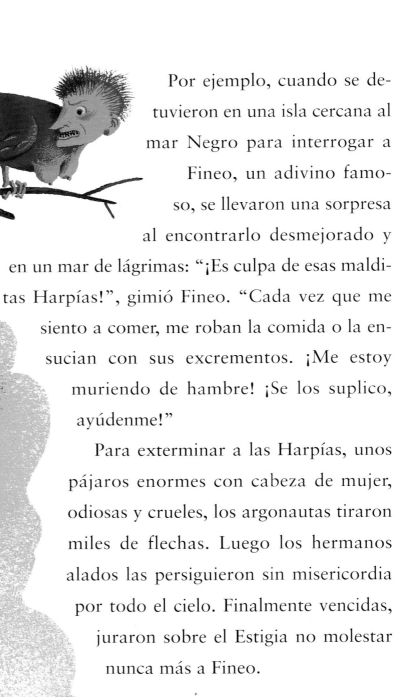

Por ejemplo, cuando se detuvieron en una isla cercana al mar Negro para interrogar a Fineo, un adivino famoso, se llevaron una sorpresa al encontrarlo desmejorado y en un mar de lágrimas: "¡Es culpa de esas malditas Harpías!", gimió Fineo. "Cada vez que me siento a comer, me roban la comida o la ensucian con sus excrementos. ¡Me estoy muriendo de hambre! ¡Se los suplico, ayúdenme!"

Para exterminar a las Harpías, unos pájaros enormes con cabeza de mujer, odiosas y crueles, los argonautas tiraron miles de flechas. Luego los hermanos alados las persiguieron sin misericordia por todo el cielo. Finalmente vencidas, juraron sobre el Estigia no molestar nunca más a Fineo.

En agradecimiento a sus salvadores, el adivino les contó un secreto: "Pronto encontrarán las Rocas Azules, que se mueven sin cesar y se ciernen sobre los barcos. Para no morir aplastados, lancen una paloma al paso. Si regresa sana y salva, pasen ustedes también. Si el pájaro muere, desanden el camino, si no el navío será reducido a cenizas".

Después de un tiempo, los argonautas encontraron las Rocas Azules. Siguiendo el consejo de Fineo, lanzaron una paloma al paso: Había perdido algunas plumas. De la misma forma, el navío pasó apenas y se dañó la proa.

La conquista del vellocino de oro

El *Argo* siguió su camino hasta Cólquida donde el rey Eetes poseía el vellocino de oro. Este rey astuto fingió recibirlos con agrado, sin embargo, impuso a Jasón una serie de pruebas imposibles: "Si quieres el vellocino de oro, trata de arar un campo con estos dos toros que soplan fuego por su nariz. Luego sembrarás esto". El rey le mostró unos dientes de dragón, negros y brillantes, del tamaño de un puño.

Al lado del rey, una mujer observaba a Jasón: era Medea la maga, hija de Eetes, quien se enamoró a primera vista de Jasón y decidió ayudarlo.

Cuando la noche era más oscura, Medea preparó un ungüento con plantas cuyos poderes sólo ella conocía. Al alba, justo antes de las pruebas, fue a buscar a Jasón y le dijo: "No te engañes, Jasón, sin ayuda de la magia, morirás. Te ayudaré si prometes desposarme y me llevas contigo".

El héroe aceptó, y Medea le entregó el ungüento explicándole: "Jasón, toma este ungüento que protegerá tu cuerpo del fuego de los toros", y añadió: "Cuando siembres los dientes de dragón, miles de soldados armados saldrán de la tierra. No te asustes, lánzales una piedra: Son como bestias; se acusarán y se matarán entre ellos".

Antes de las pruebas, a las que todo el mundo asistiría, Jasón se untó el cuerpo con la pomada mágica. Cuando los toros soplaron por las narices, la hierba ardió a su alrededor, pero Jasón logró aproximarse gracias al sortilegio de Medea. En lugar de ser quemado vivo, pudo atravesar las llamas. Con un gesto, asió a las bestias por los cuernos. Al instante, los toros se volvieron dóciles como corderitos; Jasón pudo labrar el campo sin problema. El rey Eetes quedó estupefacto, pero esperaba que la siguiente prueba acabara con ese asombroso joven.

Había llegado el momento de sembrar los terribles dientes de dragón. Como estaba previsto, de cada uno de ellos emergió un amenazador guerrero con casco. ¡Salían de todas partes! Sin perder un segundo, Jasón tomó una piedra y la lanzó en medio de este ejército fantástico. Los soldados se acusaron mutuamente de haber lanzado la piedra y se eliminaron entre ellos. Ante esta brillante victoria, Eetes se puso verde de rabia, pero se negó a entregar el vellocino de oro, como había prometido: "Ya que eres tan valiente, ve a recogerlo tú mismo... si la serpiente gigante que no duerme jamás te lo permite."

Sin perder un momento, Medea alcanzó al héroe: "Aprisa", dijo, "pues mi padre está a punto de masacrarte a ti y a los tuyos. Tenemos poco tiempo para obtener el vellocino."

La maga guió a los argonautas hasta el árbol del que colgaba el resplandeciente vellocino. La serpiente gigante de ojos dorados, guardiana del tesoro, estaba enroscada en el tronco. "¡Sssss!". Mostró sus incisivos con un silbido siniestro y clavó su mirada voraz sobre Jasón. Medea recitó un conjuro que poco a poco cerró los ojos del monstruo. Bajo el encantamiento, la serpiente se durmió y dejó escapar su tesoro. Jasón descolgó el vellocino y todos se embarcaron en el Argo.

Un retorno sembrado de emboscadas

De regreso, los argonautas también enfrentaron muchos peligros. En especial las sirenas, esos demonios marinos mitad mujer, mitad pájaro, cuyo canto sublime atraía a los marinos para que su nave se estrellara contra las rocas. Pero Orfeo salvó a la tripulación: su canto fue tan melodioso y cubría tan bien al de las sirenas que los héroes, hechizados, no sintieron la tentación de ir a su encuentro. Luego la nave se acercó a Caribdis y Escila, dos monstruos marinos entre los cuales había que pasar. Caribdis era un remolino que devoraba todos los navíos que franqueaban esos parajes. Escila tenía en la parte baja de su cuerpo una jauría de perros feroces que devoraban todo lo que estaba a su alcance.

En Creta, los argonautas se tropezaron con Talos, el gigante de bronce que cuidaba la isla. Este robot, concebido por Hefestos, vigilaba la costa y lanzaba piedras a cualquier navío que se aproximara. Su único punto vulnerable, del que dependía su vida, era un clavo que tenía en el talón. Gracias a sus poderes mágicos, Medea logró sacarle el clavo y Talos murió.

Así, los valientes argonautas resistieron todos los peligros y superaron todos los obstáculos. Después de un largo periplo, por fin desembarcaron en Yolcos.

Cuando Jasón regresó victorioso, Pelias se vio obligado a cumplir su promesa. Todo el pueblo aclamó a su nuevo rey: joven, valiente y justo. En cuanto a Medea, reinó a su lado y, de vez en cuando, usaba sus poderes mágicos.

TESEO Y EL MINOTAURO

Pasifae la reina, había sufrido una maldición: se enamoró de un toro. Meses más tarde, dio a luz una criatura monstruosa con cabeza de toro y cuerpo de hombre al que llamaron *Minotauro*. El rey Minos decidió esconder al bebé de su esposa porque le daba vergüenza. Por ello, ordenó a Dédalo, el arquitecto, que construyera un laberinto en el que encerró al monstruo. Todos los años lo alimentaban con seres humanos: siete muchachas y siete muchachos que Minos exigía a Atenas. Este sacrificio humano hacía llorar y gemir a todos los atenienses.

Al alcanzar la pubertad, Teseo, el joven hijo de Egeo, rey de Atenas, decidió ofrecerse para ser entregado al monstruo. ¡Asqueado por su crueldad, deseaba matar al Minotauro! "Teseo, mi querido hijo, renuncia a ese peligroso proyecto", suplicaba Egeo, que temía perder a su hijo.

Hasta ese momento, nadie había salido del gigantesco laberinto: era una maraña de corredores tan numerosos y tortuosos, que era imposible encontrar la puerta por donde se había entrado. Pero Teseo no quiso escuchar; estaba preparado para enfrentar lo que fuera. Trató de tranquilizar a su anciano padre: "Padre, no temas. Cuando regrese, izaré las velas blancas del navío en señal de victoria. Las verás desde la costa".

Por supuesto, Egeo comprendió también que las otras velas, las negras, anunciarían la muerte.

Después de un largo viaje por mar, los catorce jóvenes atenienses que debían ser sacrificados llegaron a Creta, al palacio de Minos. Ante ese rey tan cruel, todos temblaban como hojas, salvo el valiente Teseo. La hija de Minos, Ariadna, estaba presente. Era dulce y amorosa tanto como su padre era duro e injusto. Admiró al bello joven tan valiente y se apiadó de él por la muerte que le esperaba. 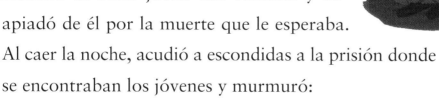 Al caer la noche, acudió a escondidas a la prisión donde se encontraban los jóvenes y murmuró:

"Mañana, valeroso Teseo, te ayudaré si lo deseas".
"¿Qué me propones?", preguntó Teseo. "Te daré una madeja de hilo para que puedas salir del laberinto. Así podré guiarte hacia la salida".

Teseo agradeció a Ariadna y le susurró al oído esta promesa: "Si tu plan triunfa, te llevaré conmigo y serás mi esposa".

Al día siguiente, llevaron a las aterrorizadas víctimas a la entrada del laberinto. Todos se pusieron atrás de Teseo que sostenía en su puño el hilo de Ariadna. El joven héroe se internó en las profundidades del laberinto, mientras los demás se quedaban cerca de la salida. Después de una hora de deambular en la oscuridad y el silencio completos, se sobresaltó al oír un mugido espantoso y un golpeteo de pasos. Teseo se acercó a los ruidos. A la vuelta de un corredor oscuro, observó por fin dos ojos rojizos que lo esperaban: ¡el monstruo estaba allí!

Entonces Teseo se arrojó sobre él, en un desgarrador combate cuerpo a cuerpo: el héroe consiguió asir uno de los afilados cuernos del monstruo. Con toda su fuerza logró, con un gran crujido, arrancar el cuerno de la cabeza del Minotauro. El monstruo, enloquecido de rabia, se lanzó al ataque. Teseo apenas logró esquivarlo y, una vez que la bestia se hubo acercado lo suficiente, consiguió clavarle su propio cuerno en el flanco. Herido de muerte, el Minotauro aulló de dolor, se arrastró y, finalmente se desplomó y se desangró.

Durante todo ese tiempo, Ariadna, angustiada, percibía todos los movimientos de esa lucha feroz, sin conocer el resultado. Por fin, sintió que el hilo se tensaba. Y cuando Teseo salió victorioso, seguido de sus compañeros, se llevó la alegría más grande de su vida. Sin esperar que el rey Minos se enterara de la fuga, los atenienses se embarcaron, junto con Ariadna, a bordo de su navío.

Durante una escala en la isla de Naxos, Ariadna, agotada por el viaje, se durmió en la orilla. Al despertar, Teseo y sus compañeros habían desaparecido: el navío ya no se veía. Se le rompió el corazón: ¡qué terrible traición para aquella a la que Teseo debía la vida!

¿Por qué el héroe había partido sin Ariadna? Algunos dicen que había cambiado de opinión y ya no quería casarse con ella. Otros explican que ese abandono era una orden de los dioses.

En todo caso, Dionisio, el dios del vino, se había enamorado de Ariadna y acudió para enjugar su lágrimas. Perdió el amor de un hombre, pero ganó el de un dios.

Teseo retomó el camino hacia Atenas, ignorante del espantoso dolor que lo acechaba: a su regreso, olvidó izar las velas blancas: ¿Acaso los dioses lo castigaban así por haber abandonado a su protectora? ¿Quizás el pesar de haber abandonado a Ariadna le nublaba el espíritu? Nadie sabe por qué dejó en la nave las velas que anunciaban su muerte.

Cuando el rey Egeo, que esperaba cada noche el retorno de su hijo, divisó las velas negras en el horizonte, su desesperación fue tan grande que se arrojó desde el acantilado. Al llegar, Teseo se enteró con dolor de la muerte de su padre. Para rendirle homenaje, llamó Egeo al mar en el cual el viejo rey, transido de pena, se había ahogado. Luego lo sucedió en el trono, convirtiéndose a su vez en rey de Atenas.

DÉDALO E ÍCARO

Dédalo es el genial arquitecto que, bajo las órdenes del rey Minos, concibió el laberinto inextricable en el cual estaba encerrado el Minotauro, en la isla de Creta. Esta criatura monstruosa exigía regularmente carne humana, y muchos jóvenes atenienses fueron sacrificados... hasta el día en que Teseo lo venció. El joven héroe logró salir vivo del laberinto con la ayuda de Ariadna, la hija del rey Minos. Al dejar Creta, Teseo se llevó a Ariadna con él, como ella deseaba.

Minos no sabía nada de lo que sucedió realmente en el laberinto: creía que Teseo se la había llevado en contra de su voluntad. Según él, si Teseo había podido salir del laberinto sin ningún problema, se debía, sin lugar a dudas, a una traición de Dédalo, quien le habría proporcionado los planos al joven. Por ello, para vengarse, encerró al arquitecto, junto con su hijo Ícaro, en el laberinto que aquél había creado.

Dédalo sabía que, sin los planos del laberinto, sería incapaz de encontrar la salida. Sin embargo, como era un brillante inventor, que incluso fabricó unas estatuas que se movían solas, pensaba que todo problema tenía una solución. Reflexionó durante mucho tiempo y concluyó que, si bien la tierra y el mar no le ofrecían ninguna solución, el cielo, en cambio, estaba abierto. ¡Su hijo y él escaparían volando... como pájaros!

Utilizando un arco que encontró por casualidad, Dédalo mató dos águilas y les quitó las plumas. Con habilidad y paciencia, juntó las plumas y las pegó con cera. Ícaro lo ayudó en esta tarea, sin sospechar que sería su perdición. Por último, Dédalo encorvó el conjunto de plumas para darles forma de alas de pájaro.

Cuando terminó de fabricar los dos pares de alas, Dédalo los pegó en la espalda de Ícaro y en la suya. Luego le recomendó a su amado hijo: "Ícaro, cuídate de no volar demasiado alto o demasiado bajo: muy cerca del sol, la cera de tus alas se derretirá; muy cerca del mar, tus alas se mojarán. Sígueme, hijo mío, y no me pierdas de vista".

El anciano cubrió de besos al joven.

De un aletazo se elevaron por los aires. Dédalo se volvía hacia el joven a cada momento. Los campesinos que los vieron se quedaron pasmados. ¡Esos hombres que volaban como pájaros debían ser dioses! Al igual que un pichón recién salido del nido, Ícaro pronto tomó confianza. Lo transtornó la sensación de libertad, lo embriagaban las alturas que podía alcanzar.

Ícaro empezó a volar cada vez más alto, más alto, tanto, que Dédalo, al perderlo de vista, se preocupó. Pero el orgulloso joven se burlaba de las recomendaciones de su padre. Como un pájaro, casi como un dios, podía elevarse hacia el cielo y se sentía invencible.

"Me acercaré al sol y me compararé con él", pensaba, olvidando que era un simple mortal.

Y ocurrió lo que tenía que ocurrir: cuando llegó cerca del sol, la cera de sus alas comenzó a fundirse. Una a una cayeron las plumas. El joven empezó a agitar los brazos en el vacío porque ya nada lo sostenía. En su caída, gritó el nombre de su padre, pero fue en vano: éste ya no podía hacer nada por él.

Ícaro cayó en una isla que desde entonces se llama Icaria y el mar que la rodea fue bautizado como mar Icariano, en recuerdo de este temerario joven. Dédalo, que había alcanzado a su hijo, recogió el pequeño cuerpo roto y lo enterró.

Luego, siguió volando para refugiarse en Sicilia, con el rey Cocalos.

Sin embargo, Minos, furioso por la evasión de sus prisioneros, estaba decidido a encontrar a Dédalo. Y lo buscó por todos lados. "Estoy buscando al traidor de Dédalo", dijo Minos cuando estuvo frente a Cocalos. "Si se esconde aquí, te exijo que me lo entregues". Cocalos fingió no saber nada.

Pero Minos tenía una salida para todo. Se paseó por toda la región con un caparazón de caracol y un hilo.

"Prometo la mejor recompensa a quien pueda pasar el hilo en las espirales del caparazón", repetía a quien quisiera oírlo.

Muchos trataron de resolver el extraño desafío, pero en vano. Cocalos, por su parte, sabía que con la ayuda de Dédalo podía triunfar. Así que le planteó el problema a su genial protegido. "Muy sencillo", dijo Dédalo después de unos instantes de reflexión. "Que tus servidores me traigan algunas hormigas, ¡y verás!"

Dédalo ató una de las hormigas al hilo e introdujo el insecto en el caparazón por un agujero hecho en la punta. En pocos minutos la hormiga logró salir por el otro lado, con el hilo. Cocalos, triunfante, corrió de inmediato a buscar a Minos y exigir su recompensa. ¡Qué idiota! En el momento que vio el caparazón, Minos comprendió que el rey de Sicilia había obtenido ayuda del hombre más ingenioso del mundo, el famoso constructor del laberinto.

"Dime dónde se encuentra Dédalo", ordenó Minos. "Ya no puedes mentir".

Con tristeza, Cocalos fue obligado a confesar, y prometió que le entregaría al arquitecto en el más breve plazo posible. Mientras, invitó a Minos a descansar a su palacio.

Cocalos era ingenuo, es verdad, pero tenía buen corazón y no quería ser causa de la perdición de Dédalo. Así que, una vez llegada la noche, cuando Minos se fue a bañar, Cocalos le pidió a sus hijas que lo escaldaran. Y el rey Minos, rojo como una langosta, murió en el baño.

En cuanto a Dédalo, construyó magníficos edificios para agradecer a su huésped.

HÉRCULES,
EL HÉROE MÁS CÉLEBRE

Zeus se enamoró de una bella mortal. Se llamaba Alcmena. Una noche, para seducirla, tomó la apariencia de su marido, Anfitrión. Sin saberlo, la joven, que creía estar recibiendo en su lecho a su esposo recién llegado de la guerra, se acostó con el dios.

¿Y quién llegó al día siguiente, feliz de volver a ver a su amada? El verdadero Anfitrión. Zeus intervino para reconciliar a los esposos. Y así, nueve meses más tarde, Alcmena dio a luz a gemelos: Ificles, hijo de Anfitrión, y Hércules, hijo de Zeus.

El dios de dioses quería que su hijo fuera inmortal, como él. Para ello, el recién nacido debía beber la leche de una diosa. ¡Sólo eso faltaba! Así que Zeus aprovechó que Hera, su esposa, dormía, para poner a Hércules a mamar de su seno. El bebé seguía mamando cuando Hera despertó. Al reconocer en él al hijo de una rival, ella apartó al niño con enojo, privándolo así de la inmortalidad. La leche de su seno brotó con violencia hacia el aire y dibujó en el cielo una estela que aún vemos: la Vía Láctea.

Luego, Hera, loca de celos, tuvo una sola obsesión: ¡desaparecer a Hércules de la faz de la tierra!

Así que hizo aparecer a dos terribles serpientes: "Ahoguen a este pequeño insoportable", les ordenó.

Ificles y Hércules, los gemelos, dormían tranquilamente, cuando las serpientes se deslizaron hasta sus cunas. Al verlas, Ificles gritó de terror mientras Hércules las tomó como si fueran juguetes y las ahogó. Sus pequeños puños se cerraron sobre la garganta de las serpientes. ¡Su fuerza reveló su origen divino!

Cuando alcanzaron la edad de siete años, los gemelos tuvieron un maestro que les enseñó lectura, escritura, matemáticas, música y gimnasia. Mientras Ificles era tranquilo y aplicado, Hércules era indisciplinado y colérico.

Un día, cuando su maestro se disponía a golpearlo para castigar una falta, Hércules le pegó con un taburete: el maestro murió enseguida. Sin embargo, Hércules convenció hábilmente a los jueces de que había sido en defensa propia. Y los jueces lo absolvieron.

Asustado por el temperamento de este muchacho de fuerza sobrehumana, Anfitrión decidió alejarlo del palacio. El joven héroe terminó su educación en el campo.

Esta historia de juventud ilustra muy bien el temperamento de Hércules, el más célebre de los héroes griegos. Su fuerza desmesurada le jugaba malas pasadas, pero también le permitió cumplir tareas que redimieron largamente sus faltas.

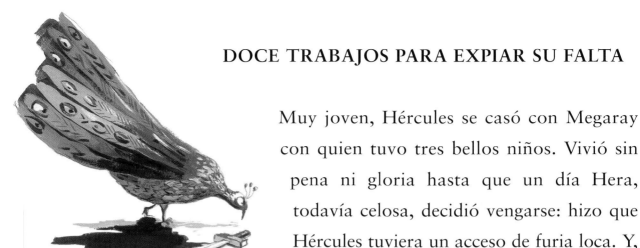

DOCE TRABAJOS PARA EXPIAR SU FALTA

Muy joven, Hércules se casó con Megaray con quien tuvo tres bellos niños. Vivió sin pena ni gloria hasta que un día Hera, todavía celosa, decidió vengarse: hizo que Hércules tuviera un acceso de furia loca. Y, en lugar de sus hijos, creyó ver a sus enemigos. Los mató a los tres traspasándolos con su espada. Cuando recobró la razón, contempló con horror la dimensión de la masacre. Quiso suicidarse, pero Zeus lo detuvo a tiempo. Lleno de remordimiento, Hércules consultó al oráculo de Delfos para saber cómo expiar su crimen.

"Durante los próximos doce años" —anunció el oráculo— "deberás servir al rey Euristeo".

Hércules no sabía que el rey, para probar su valentía y su fuerza, le había preparado una serie de pruebas: debía desempeñar doce trabajos increíbles, cada uno de los cuales sería más difícil que los anteriores.

1. El león de Nemea

El rey Euristeo primero pidió a Hércules que se deshiciera del león de Nemea, que aterrorizaba la región. Y le advirtió: "Deberás matar al león y traerme su piel. Cuidado, ningún arma traspasa su cuero".

Por el camino, Hércules se encontró con campesinos y pastores aterrorizados por el león. Logró encontrar a la bestia siguiendo sus huellas en el suelo. Con un ademán perfecto, arrojó su lanza, pero el arma rebotó como si hubiera tocado una roca. Hércules tomó entonces su pesado garrote para golpear con todas sus fuerzas la cabeza del león.

La bestia se tambaleó por el golpe y se refugió gimiendo en su guarida. Hércules la persiguió hasta allí y, en la oscuridad, apretándola con sus brazos, logró ahogarla.

Sólo faltaba destazar al león. ¡Pero la espada ni siquiera arañó la piel del animal!

Hércules estaba perplejo, pero luego de un rato tuvo una idea ingeniosa: utilizó una de las garras del león, filosa como una navaja, para cortar su piel.

Poniéndose en la espalda la piel del rey de los animales, Hércules regresó victorioso a Tirintos.

2. La hidra de Lerna

Euristeo lo envió entonces a encargarse de una criatura todavía más terrible: la hidra de Lerna. Esta serpiente gigante de nueve cabezas vivía en los pantanos y se comía de un bocado a los viajeros imprudentes que se aventuraban en su territorio.

Su aliento fétido era mortal: quien lo respiraba de cerca moría enseguida.

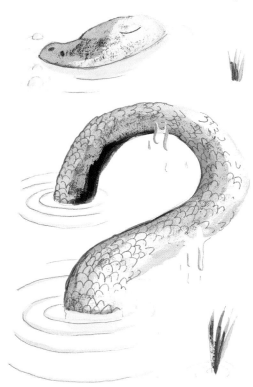

Hércules emprendió el combate contra el monstruo con ayuda de Yolao, su sobrino. Entonces descubrió con horror que cada cabeza que cortaba resurgía de inmediato. Por lo tanto, Hércules pidió a Yolao que quemara cada cuello cortado para que las cabezas no pudieran reaparecer. Finalmente, con un silbido de rabia, la novena y última cabeza pereció.

Hércules la enterró, no sin antes extraer el veneno de la hidra para remojar sus flechas en él y hacerlas más letales.

3 y 4. El jabalí de Erimanto y la cierva de Cirene

El tercer trabajo impuesto a Hércules fue capturar vivo al gigantesco jabalí de Erimanto.

"No tomes este trabajo a la ligera", le dijo el rey. "Se trata de un animal agresivo e invencible. Sus colmillos son enormes y filosos". Hércules logró su objetivo acorralando al animal en un foso lleno de nieve. Lo inmovilizó y se lo echó en la espalda. Cuando Euristeo lo vio llegar con el animal vivo, se le pusieron los pelos de punta. Aterrorizado, corrió a esconderse en un jarrón de bronce. Luego le pidió a Hércules que jamás volviera a llevar sus trofeos al palacio, sino que los dejara en la puerta de la ciudad.

Entonces le ordenó que capturara viva una de las ciervas de Artemisa. Rápido como el viento, Hércules persiguió durante un año a la graciosa criatura cuyos cuernos y pezuñas eran de oro. Su perseverancia le permitió a la postre capturarla y llevársela a Euristeo.

5. Las aves del lago Estinfalia

Euristeo decidió enviar a este héroe tan molesto a una muerte segura. En el lago Estinfalia, unos pájaros infestaban la región y atacaban a los humanos. Sus plumas de acero se desprendían como flechas y golpeaban mortalmente; sus garras y su pico de bronce se encargaban de desgarrar a las víctimas. Hércules no sabía cómo expulsar a las aves del pantano, pero Atenea acudió en su ayuda. Le dio un par de címbalos, cuyo sonido ensordecedor provocó la desbandada enloquecida de los pájaros. Entonces Hércules los traspasó con sus flechas envenenadas.

6. Los establos de Augias

Por supuesto, todas estas proezas habían acrecentado la fama del héroe. Euristeo estaba irritado y tenía motivos para sentirse ridiculizado. Por ello, decidió imponer al coloso un trabajo humillante, una tarea imposible y además, repugnante: se trataba de limpiar los establos de Augias en un solo día.

Desde hacía mucho tiempo, el estiércol se acumulaba en esos inmensos establos, privando a los campos de un abono que les hubiera venido muy bien. El olor que se desprendía era tan espantoso que todos los que se aproximaban se desmayaban. El rey Augias recibió a Hércules con una carcajada: "Pretendes limpiar mis establos en un día, sin ayuda, cuando harían falta cien años para remover esas toneladas de estiércol". "Sí", dijo Hércules el astuto, quien ya había concebido un plan. Desvió el curso de un río con una barricada de piedras. El terreno inclinado permitió encauzar las aguas hacia los establos. Entonces, el torrente de agua arrastró el estiércol lejos, hacia los campos, y en pocas horas los establos estaban impecables. ¡Hasta se podía comer en el suelo! El rey Augias se quedó pasmado.

7 y 8. El toro de Creta y las yeguas de Diomedes

El toro de Creta, padre del Minotauro, era un loco furioso: devastaba las cosechas y aterrorizaba a todo el país. Hércules logró tomarlo por los cuernos, lo domesticó y se lo llevó a Euristeo. Éste se asustó tanto que enseguida dejó libre al animal.

El octavo trabajo de Hércules no fue menos difícil: debía capturar a las yeguas del rey Diomedes. Pero este cruel soberano tenía por costumbre alimentar a sus animales con sus invitados, una costumbre espantosa contraria al tradicional sentido de hospitalidad de los griegos.

Hércules capturó a las yeguas por la noche. Después de haber vencido a Diomedes, que lo perseguía con sus tropas, hizo que lo devoraran sus propios animales.

Entonces, las yeguas se volvieron mansas y dóciles.

9. El cinturón de la reina de las amazonas

La hija de Euristeo impuso la siguiente prueba a Hércules, exigiéndole el cinturón de oro de la reina de las amazonas. Al principio, este pueblo de mujeres guerreras se dejó seducir por el hijo de Zeus. Pero Hera, la traidora, vigilaba: intervino para convencer a las amazonas de que Hércules quería secuestrar a su reina. Entonces atacaron al héroe con vehemencia.

En la trifulca, mató a la reina, aunque no era su intención. En efecto, regresó con el cinturón, pero la aventura le dejó un gusto amargo.

10. El ganado de Gerión

Hércules debió luego robar el ganado del gigante Gerión. Tampoco era una tarea menor porque el gigante tenía tres cabezas y tres torsos, y un perro feroz cuidaba a los animales. Sin embargo, nuestro héroe logró exterminar a este monstruo, y al igual que con las criaturas anteriores, capturó a los novillos. Para llevárselos a Euristeo, Hércules tuvo que atravesar el estrecho de Gibraltar, en el que construyó dos columnas para dejar constancia de su paso.

11. Las manzanas de oro del jardín de las Hespérides

Los dos últimos trabajos de Hércules fueron interesantes: Euristeo exigió las manzanas de oro del jardín de las Hespérides. Era una trampa ingeniosa porque el árbol de las flores de oro era un regalo de boda de la diosa Hera quien, como sabemos, detestaba a Hércules. El único que podía ayudar al héroe era el gigante Atlas. En la cima de una montaña que dominaba el jardín maravilloso, Atlas cargaba la bóveda celeste. Y sus hijas cuidaban el jardín de las Hespérides.

Cuando Hércules le pidió ayuda, Atlas respondió: "Mis hijas cortarán las manzanas para ti, pero antes, tendrás que sostener la bóveda celeste para que yo vaya a buscarlas".

El gigante tardó en regresar. Contento y aliviado de no tener que cargar el cielo, le había tomado gusto a la libertad y no deseaba volver a su lugar.

"Te reemplazaré cuando haya descansado".

Pero Hércules pensó en un ardid: "Atlas, yo podría reemplazarte por más tiempo si lo deseas. Pero estoy torcido. Ayúdame un instante para que me enderece y sostenga el cielo sin lastimarme".

Atlas aceptó y Hércules aprovechó para huir con las manzanas de oro. Así se satisfizo el extravagante pedido de Euristeo.

12. Cerbero, el guardián de los infiernos

La última prueba del héroe lo llevó a los infiernos, fuera del mundo de los vivos, porque Euristeo exigió al perro de tres cabezas, Cerbero.

Hércules tuvo que descender al reino de los muertos a través de un abismo profundo, guiado por Hermes. Llegó así a orillas del Estigia, donde Caronte se negó a transportarlos a la otra orilla. Después de alegar un rato, el barquero de los muertos accedió y los embarcó. El héroe llegó al Tártaro, al palacio de Hades y Perséfone. Explicó al rey y a la reina de los infiernos que quería llevarse a Cerbero. Los esposos, divertidos ante semejante audacia, respondieron: "Si logras dominar a nuestro perro sin ayuda de arma alguna, es tuyo". Y sonrieron por anticipado al imaginar la derrota de ese pretencioso: Cerbero no sólo tenía tres hocicos de acero, sino un temible dardo en la punta de la cola.

Protegiéndose con la piel del león de Nemea, Hércules logró neutralizarlo. Luego envolvió al dogo en la piel y subió al mundo de los vivos. Al ver a Cerbero, Euristeo se asustó tanto que volvió a meterse en la vasija. "No tengas miedo", dijo Hércules. "Lo devolveré a los infiernos".

El rey decidió que los trabajos acabaran: Hércules había expiado su falta liberando a la humanidad de muchos monstruos.

LA TRAMPA DEL CENTAURO NESO

Luego Hércules se casó con Deyanira y siguió prestando servicios a los simples mortales. Un día, cuando Hércules y su mujer trataban de atravesar un río peligroso, el centauro Neso ofreció su ayuda: "Yo puedo llevar a Deyanira en mi lomo mientras tú cruzas a nado".

Pero no debieron aceptar, porque Neso era un traidor y raptó a Deyanira. Cuando Hércules se dio cuenta de la traición, asestó al centauro una flecha en el pecho. Antes de morir, Neso fingió arrepentirse y le confió un secreto a Deyanira: "Guarda en esta botella unas gotas de mi sangre; te servirán para recuperar el amor de tu marido si él se enamorara de otra mujer."

Deyanira se acordó de ese consejo cuando, años más tarde, fue presa de los celos. Hércules parecía sensible a los encantos de Yola, una joven fascinante. Entonces, durante la noche, Deyanira vertió la sangre del centauro en la túnica de su marido.

Pero había caído en la trampa que le tendió Neso: esa sangre no era un filtro de amor, sino un veneno muy poderoso que quemó el cuerpo de Hércules incrustando la túnica en su piel. El héroe, enloquecido de dolor, terminó suicidándose en una pira ayudado por un amigo.

Zeus, conmovido por el sufrimiento de su hijo, lo inmortalizó y lo recibió en el Olimpo con los brazos abiertos.

MIDAS, EL REY CODICIOSO

Midas, el rey, era un hombre tan codicioso como estúpido. Sin embargo, hacía años que reinaba en Frigia.

Un día, sus hombres le llevaron a un hombre encadenado. Era un loco andrajoso, enorme y medio borracho que los campesinos habían encontrado vagando por la montaña. Midas no era tan tonto, porque enseguida reconoció a Sileno, compañero de Dionisio. Cuando seguía el cortejo del dios del vino, Sileno se alejó un poco para tomar una siesta. Al despertar, el desdichado no sabía dónde estaba y desde hacía días buscaba en vano su camino.

Midas le ofreció hospitalidad, lo cuidó con esmero durante una semana y, por último, sirvió un gran banquete en su honor.

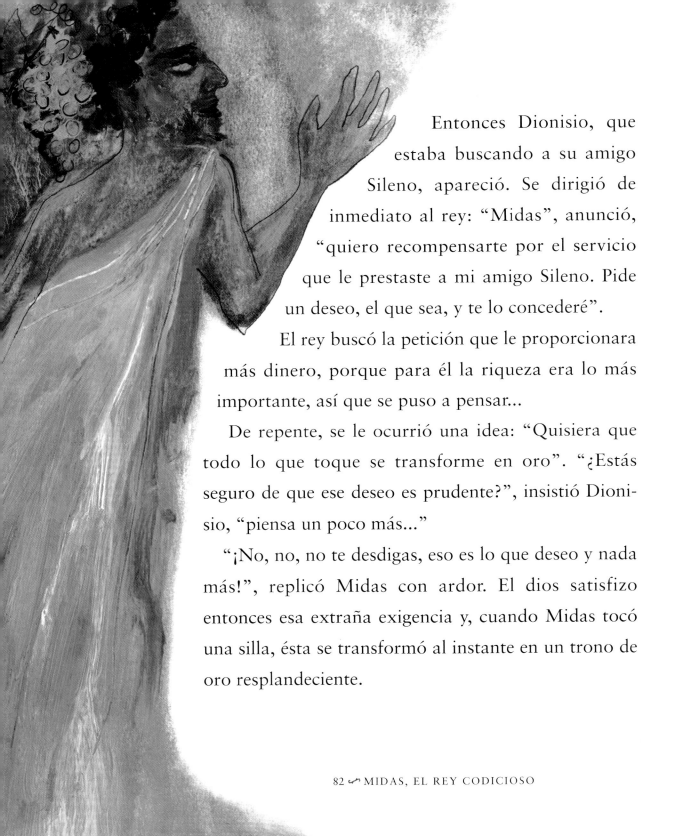

Entonces Dionisio, que estaba buscando a su amigo Sileno, apareció. Se dirigió de inmediato al rey: "Midas", anunció, "quiero recompensarte por el servicio que le prestaste a mi amigo Sileno. Pide un deseo, el que sea, y te lo concederé".

El rey buscó la petición que le proporcionara más dinero, porque para él la riqueza era lo más importante, así que se puso a pensar...

De repente, se le ocurrió una idea: "Quisiera que todo lo que toque se transforme en oro". "¿Estás seguro de que ese deseo es prudente?", insistió Dionisio, "piensa un poco más..."

"¡No, no, no te desdigas, eso es lo que deseo y nada más!", replicó Midas con ardor. El dios satisfizo entonces esa extraña exigencia y, cuando Midas tocó una silla, ésta se transformó al instante en un trono de oro resplandeciente.

Loco de felicidad, Midas recorrió su palacio
tocando todo lo que encontraba a su paso: puertas, columnas, espejos... Todo empezó a brillar con ful-
gor. Midas se regocijaba al ver cómo se multiplicaba su
riqueza.

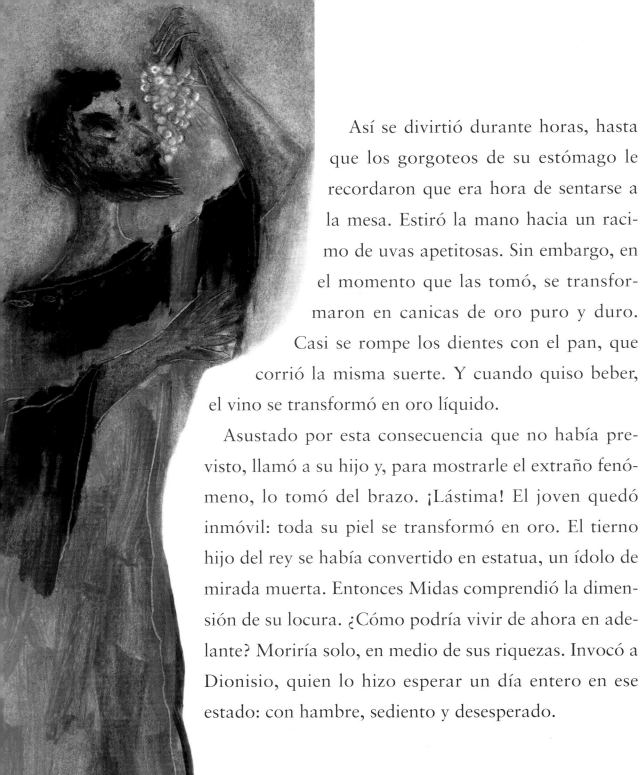

Así se divirtió durante horas, hasta que los gorgoteos de su estómago le recordaron que era hora de sentarse a la mesa. Estiró la mano hacia un racimo de uvas apetitosas. Sin embargo, en el momento que las tomó, se transformaron en canicas de oro puro y duro. Casi se rompe los dientes con el pan, que corrió la misma suerte. Y cuando quiso beber, el vino se transformó en oro líquido.

Asustado por esta consecuencia que no había previsto, llamó a su hijo y, para mostrarle el extraño fenómeno, lo tomó del brazo. ¡Lástima! El joven quedó inmóvil: toda su piel se transformó en oro. El tierno hijo del rey se había convertido en estatua, un ídolo de mirada muerta. Entonces Midas comprendió la dimensión de su locura. ¿Cómo podría vivir de ahora en adelante? Moriría solo, en medio de sus riquezas. Invocó a Dionisio, quien lo hizo esperar un día entero en ese estado: con hambre, sediento y desesperado.

Finalmente, el dios se dignó en aparecer: "¿Qué quieres, imprudente Midas?" "Piedad", suplicó el rey. "Que desaparezca este don que es una maldición para mí". Dionisio, clemente, respondió: "Concedido. Báñate en las aguas del río Pactolo si deseas anular el deseo. Tal vez esto te sirva de lección". Midas se precipitó entonces al agua del río para bañarse con su túnica de oro. Al salir había perdido el maldito poder y encontró a su hijo bien vivo.

Después de esta aventura, las aguas del Pactolo arrastran innumerables pepitas de oro.

Las orejas de burro del rey Midas

A partir de entonces, el rey Midas fue menos ávido de riquezas, pero no perdió nada de su legendaria estupidez. Otra desventura lo prueba: El dios Pan disputaba con Apolo el título del mejor músico, y todo el mundo sabe que Apolo es el dios de la música. Sin embargo, aceptó competir. El rey Midas estaba entre el público que asistía a la justa.

Cuando Apolo hizo vibrar las cuerdas de su lira, un murmullo de placer recorrió a los asistentes. Pan, por su lado, tocó con su flauta una melodía triste, muy linda, pero sin comparación con el gran arte de Apolo.

El veredicto que dieron todas las Musas, proclamó a Apolo vencedor.

Sólo un hombre fue lo suficientemente estúpido e insolente para no estar de acuerdo con esa decisión... ¿Adivinen quién?

¡Midas, por supuesto! Apartándose de la multitud, este pretencioso le dijo al jurado que sus orejas se habían maravillado más con la flauta de Pan que con la lira de Apolo. Frente a tamaña tontería e insolencia, Apolo perdió la paciencia: "Estúpido mortal, eres un burro que no comprende nada de música. ¡Te mereces otras orejas!"

Al instante, Midas oyó una gran carcajada, y sintió que largas orejas peludas le crecían en la cabeza. Huyó a su reino. Cuando llegó a Palacio, decidió ponerse un gran gorro para esconder su vergüenza y se dejó crecer el cabello para disimular sus orejas de burro.

Al cabo de cierto tiempo, se veía hirsuto y des-
greñado, así que tuvo que recurrir a los servicios de un
peluquero. "Corta mis cabellos", le dijo amenazante,
"pero no reveles jamás mi secreto o te haré matar".

Durante meses el peluquero se mordió la lengua,
hasta que, un día, ya no pudo resistir, corrió a la orilla
de un río y cavó un hoyo por el que gritó: "¡El rey
Midas tiene orejas de burro!" Nadie lo oyó, más que
los juncos que crecían alrededor del agujero y que repitieron la noticia a quien quisiera escucharla.

Pronto, el ridículo secreto del rey Midas fue cono-
cido por todos.

PIGMALIÓN
Y SU MUJER DE ENSUEÑO

Pigmalión, rey de Chipre, tenía un maravilloso talento de escultor, pero se negaba a casarse porque ninguna mujer era de su agrado. "No es lo suficientemente bella", "no es dulce", "es celosa", "egoísta", "cruel"... A todas les encontraba defectos. Y antes de compartir su lecho y sus placeres con seres que despreciaba, prefería encerrarse en su taller para tallar, cincelar, pulir obras magníficas, soñando con realizar un día una estatua perfecta, imagen de la mujer ideal.

A fuerza de trabajo, cuidado y habilidad, logró por fin esculpir un cuerpo femenino de una belleza tal, que la naturaleza nunca había creado algo parecido. Era una estatua exquisita, tallada en marfil blanco y dulce como la leche. Usando su cincel de escultor con delicadeza infinita, Pigmalión daba los últimos retoques cada día a su obra maestra.

Cuando por fin no hubo más que agregar ni cambiar, el rey escultor contempló maravillado su estatua. ¡La joven era perfecta y parecía tan real!

Fascinado, Pigmalión acercó sus manos a ese cuerpo de mujer para cerciorarse si era carne o marfil. Cuanto más la contemplaba, más la acariciaba y más le gustaba: se entusiasmó tanto que la cubrió de besos, la abrazó y hasta se asombró de que ella no respondiera. Le regaló flores de mil colores, le puso un collar de perlas ligeras y piedras preciosas en los dedos. La acostó sobre cojines de plumas y la llamó su compañera...

Pero la estatua permanecía insensible. Transido de amor, Pigmalión se desesperaba.

Algún tiempo después, en toda la isla de Chipre se celebraba la fiesta de Afrodita, la diosa del Amor. Se sacrificaron becerras con cuernos de oro en su templo. En medio de la muchedumbre, Pigmalión fue a depositar su ofrenda frente al altar e imploró a la diosa: "¡Oh!, diosa del Amor, tú que puedes concederlo todo, dame por esposa, te lo suplico, una mujer parecida a la joven de marfil".

Cuando regresó a su palacio, el artista fue hacia la estatua y le dio un beso: "Eres tan bella y perfecta...", murmuró. "¡Si Afrodita quisiera concederme el amor de una joven tan bella como tú!" Acarició su cuerpo... y luego retrocedió. ¿Era una ilusión o había sentido su piel tibia y el palpitar de sus venas? No quiso alegrarse, temiendo haberse equivocado. Le acarició la mejilla, los brazos, los hombros, las caderas. No, ya no era de marfil, se trataba del cuerpo dulce y tibio de una joven. Le dio un beso y ella se ruborizó. Sus ojos brillaban, se movía. ¡La estatua estaba viva!

Loco de alegría, Pigmalión abrazó a su amor y le dio el nombre de Galatea. Afrodita en persona asistió a su boda.

Nueve meses más tarde, la joven esposa dio a luz a una hija, Pafo, de la que una antigua ciudad de Chipre conserva todavía su nombre.

EROS Y PSIQUE

Psique, la hija menor de un rey griego, era tan bella que los hombres venían de todas partes para contemplar a la más divina de las mortales. Su fama fue tal, que eclipsó la de Afrodita, la diosa del Amor. De hecho, la muchedumbre abandonó los templos de la diosa para ir a admirar a la joven.

Furiosa, Afrodita pidió el auxilio de su hijo "Eros, hijo mío, ¡véngame de esta humana pretenciosa que arruina mi reputación! Castígala, haz que se enamore del ser más vil y monstruoso".

En la Tierra, Psique estaba triste porque ningún hombre se animaba a pedirla en matrimonio: todos admiraban su perfección y luego se alejaban sin decir una palabra. El rey, su padre, se preocupó. Decidió ir a consultar al oráculo. La respuesta fue terrible: "Te persigue la desgracia", dijo el oráculo. "Tendrás que entregar a tu hija a un ser monstruoso: una serpiente gigantesca y repugnante que la espera allá, en lo alto de la colina".

El cortejo acompañaba con sus lamentos a la dulce Psique: el día de esa unión sería el día de su muerte.

En la cima del monte, entregada al suplicio, vio alejarse a sus familiares y amigos, que lloraban de dolor.

Las sorpresas del Amor

Sin embargo, un viento dulce, el dios Céfiro en persona, llevó a Psique por los aires. Recorrió el cielo y fue depositada en un valle, sobre un césped verde y aterciopelado, donde se erigía un palacio de una belleza y lujo inauditos.

Psique se acercó, entró por los pórticos de cristal y caminó por un suelo adornado de piedras preciosas. Entonces una voz le dijo: "Ama, todo esto es para ti. Descansa, tus sirvientes responderán a todos tus deseos". Manos invisibles, dulces y gentiles como el viento que la había transportado, se encargaron de bañarla: Psique comprendió que no le harían daño. Un concierto de voces acompañó el festín que le habían preparado. Encantada, se instaló en el palacio.

Cuando llegó la noche, un hombre la amó en la oscuridad. Con una dulce voz le dijo: "No temas. Soy tu marido y te cuidaré, pero nunca trates de ver mi cara porque me perderás para siempre".

Por la mañana, había desaparecido.

Las visitas nocturnas se repitieron y a Psique empezó a gustarle esa vida de placeres. No sabía que ese marido adorado, que venía por la noche, en secreto, era Eros, el dios del Amor en persona. Conquistado por Psique, el hijo de Afrodita había renunciado a ejecutar la venganza que le había pedido su madre.

Transcurrieron días felices. Sin embargo, Psique pidió a su marido volver a ver a sus hermanas, porque creyó que la extrañaban. Eros le advirtió a Psique: "Desconfía de tus hermanas. Son unas lacras y te envidian. Y no lo olvides: si tratas de ver mi rostro, aunque sea por un segundo, toda nuestra felicidad desaparecerá". Psique prometió recordar sus palabras.

La curiosidad fatal

Cuando sus hermanas llegaron al palacio, transportadas también por Céfiro, la bella les mostró su morada y ofreció compartir sus riquezas. Las dos ingratas sintieron crecer en su corazón la serpiente de los celos. Entonces interrogaron a Psique respecto a su marido: "¿Cómo es este príncipe tan poderoso?"

Psique no se atrevió a mentir porque las creía bien intencionadas. Y les reveló su secreto. De inmediato, las dos pérfidas inyectaron veneno en la mente de su hermana.

"¡Cómo! ¿Jamás has visto a tu marido? Pobre, debes estar en manos de un monstruo innombrable que espera que estés embarazada para devorarte. Toma este cuchillo para matarlo. Esta noche, ilumínalo con la lámpara y córtale la garganta."

Psique al principio se negó a creer a sus hermanas pero, poco a poco, empezó a convencerse. Debía saber a qué atenerse.

Cuando llegó la noche, asustada y temblorosa, Psique encendió la lámpara mientras Eros dormía a su lado. Entonces vio al más maravilloso de los seres: piel de seda, labios de coral, y unas sublimes alas de plumas blancas...

El tiempo se detuvo. Fascinada, contemplaba a su bien amado sin darse cuenta de que la lámpara oscilaba.

Una gota de aceite cayó en el hombro de Eros y lo despertó. Sobresaltado, miró a Psique con tristeza: "No me escuchaste. Adiós. Jamás nos volveremos a ver".

Desesperada, Psique se aferró a una de las alas de Eros, pero él se desasió y ella se quedó sola, acostada sobre la tierra rocosa. Pensó en ahogarse en el arroyo más cercano, pero el agua se desvaneció a sus pies. "Busca a tu marido, no renuncies a él", le dijo una voz que provenía del río.

Las persecuciones de Afrodita

Durante ese tiempo, Eros, horriblemente quemado por el aceite, se refugió en casa de su madre.

Afrodita montó en cólera contra su hijo y la mortal. Ofreció siete besos de miel a quien capturara a Psique. Todos los mortales se pusieron a cazarla y pronto le llevaron a la fugitiva.

Afrodita recibió a Psique con una gran carcajada: "¿Y tú, feúcha, querías ser mi nuera? Vas a pagar caro haber quemado a mi hijo. Separa este montón de granos antes del alba. Si fracasas, morirás".

Pero ese trabajo habría implicado años de paciencia. Psique se afanó en la tarea llorando. Una hormiga que pasaba se apiadó de la humana y convenció a sus hermanas para ayudar a la joven desconsolada: entonces un ejército de hormigas se puso a separar los granos a una velocidad increíble.

Al otro día, Afrodita se asombró al ver el trabajo terminado, pero no liberó a su prisionera: "Ya que lo hiciste tan bien, ve a buscar un puñado de lana de oro, de las ovejas que ves allá. No vuelvas sin ese vellón precioso".

Pero esas ovejas, famosas por sus mordidas mortales, no dejaban que nadie las tocara. Desanimada, Psique se inclinó hacia el río, tentada de nuevo por la muerte. Y en eso, un junco se inclinó a su oído: "Psique, no manches las aguas con tus negros propósitos. Puedes obtener la lana de oro si esperas al atardecer. Cada noche, las ovejas vienen a tomar agua aquí y dejan hilos de oro en los arbustos. Escóndete para esperarlas".

Fue así como Psique superó la segunda prueba impuesta por su suegra.

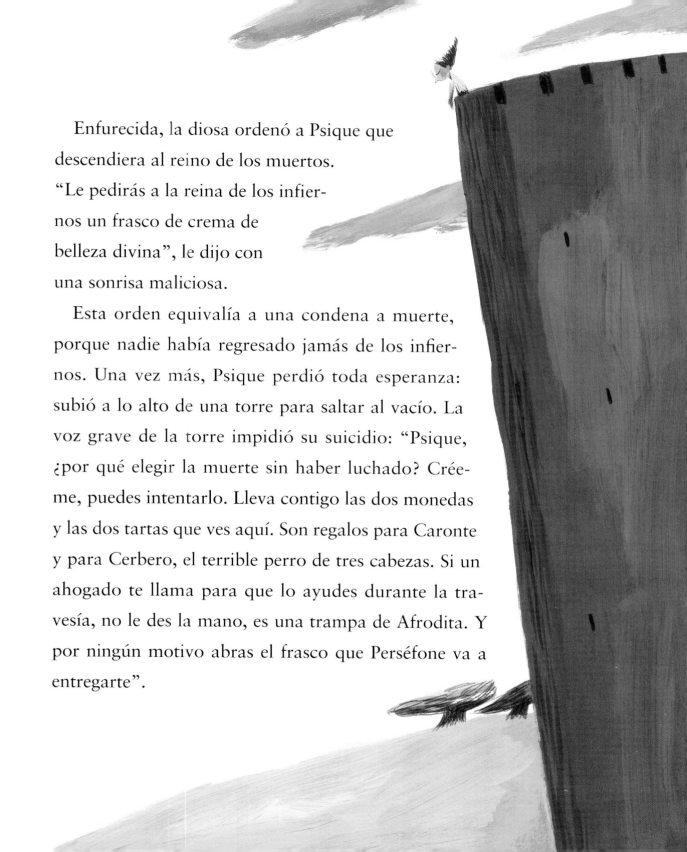

Enfurecida, la diosa ordenó a Psique que descendiera al reino de los muertos. "Le pedirás a la reina de los infiernos un frasco de crema de belleza divina", le dijo con una sonrisa maliciosa.

Esta orden equivalía a una condena a muerte, porque nadie había regresado jamás de los infiernos. Una vez más, Psique perdió toda esperanza: subió a lo alto de una torre para saltar al vacío. La voz grave de la torre impidió su suicidio: "Psique, ¿por qué elegir la muerte sin haber luchado? Créeme, puedes intentarlo. Lleva contigo las dos monedas y las dos tartas que ves aquí. Son regalos para Caronte y para Cerbero, el terrible perro de tres cabezas. Si un ahogado te llama para que lo ayudes durante la travesía, no le des la mano, es una trampa de Afrodita. Y por ningún motivo abras el frasco que Perséfone va a entregarte".

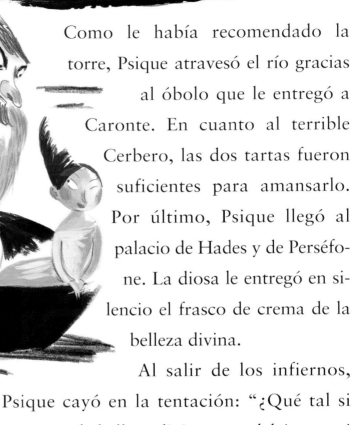

Como le había recomendado la torre, Psique atravesó el río gracias al óbolo que le entregó a Caronte. En cuanto al terrible Cerbero, las dos tartas fueron suficientes para amansarlo. Por último, Psique llegó al palacio de Hades y de Perséfone. La diosa le entregó en silencio el frasco de crema de la belleza divina.

Al salir de los infiernos, Psique cayó en la tentación: "¿Qué tal si pruebo un poco de belleza divina para deleitar a mi amor? El llanto y las pruebas me han resecado el rostro". Sin tomar en cuenta la advertencia de la torre, abrió el frasco: de él escaparon volutas de humo gris y un profundo sueño se apoderó de Psique: ¡la última treta de Afrodita!

Salvada por el amor

La pobre Psique yacía en un camino de piedras. Fue allí donde la encontró Eros, apenas curado de su herida. La tomó entre sus
brazos y enjugó con cuidado la niebla de sueño mortal. Transido de amor, Eros subió hasta el Olimpo
para pedir a Zeus un favor supremo: "Zeus, tú que
todo lo puedes, te suplico que otorgues la inmortalidad a la mujer que amo". El rey de los dioses, sabien-
do que podría necesitar la ayuda de Eros en cualquier
momento, fue sensible a la súplica.

Todos los dioses fueron invitados a un gran banquete para celebrar las nupcias de Eros y Psique, que se había hecho inmortal. Afrodita no estaba disgustada: se dijo que así Psique no alejaría más a los humanos de sus altares. Algunos cuentan que en la boda incluso bailó rodeada de sus seguidores.

Algún tiempo después, Psique y Eros tuvieron una hija, que llamaron *Voluptas*.

FAETÓN
Y EL CARRUAJE DEL SOL

Faetón no conocía a su padre. Así, cuando su madre le reveló que era hijo de Helios, el Sol, Faetón se sintió muy orgulloso. Todo el tiempo se vanagloriaba de tener un padre ilustre y se creía superior a sus compañeros, tanto, que uno de ellos, exasperado, un día lo desafió: "Idiota, te crees todo lo que cuenta tu madre. Son patrañas. ¿De veras crees que tu padre es el Sol? Entonces, ¡pruébalo!"

Herido en el orgullo, Faetón se precipitó al palacio de Helios. Pero en cuanto distinguió el rostro del dios Sol sentado en su trono resplandeciente, el joven retrocedió, deslumbrado y temeroso. "Acércate, hijo, ¿qué quieres?", preguntó el dios. "Padre, si es verdad que puedo llamarte así, ¡otórgame un favor!"

El Sol se quitó la corona de rayos deslumbrantes y extendió los brazos hacia su hijo para que viniera a abrazarlo. "Pídeme lo que quieras", dijo el dios, "te lo concederé, como que soy tu padre". "Déjame conducir tu carroza", pidió Faetón. "Sólo un día, para mostrarles a todos que soy el hijo del Sol".

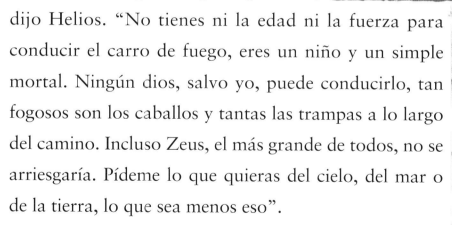

Helios se arrepintió de su promesa. Nada era más difícil y más peligroso que conducir el carruaje tirado por cuatro caballos cuyos hocicos y narices escupían fuego y que, cada día, recorría el cielo para propagar su luz y calor en la Tierra. "Me pides algo imposible", dijo Helios. "No tienes ni la edad ni la fuerza para conducir el carro de fuego, eres un niño y un simple mortal. Ningún dios, salvo yo, puede conducirlo, tan fogosos son los caballos y tantas las trampas a lo largo del camino. Incluso Zeus, el más grande de todos, no se arriesgaría. Pídeme lo que quieras del cielo, del mar o de la tierra, lo que sea menos eso".

Pero Faetón era demasiado orgulloso para comprender. Helios había dado su palabra y debía conceder el deseo de su hijo.

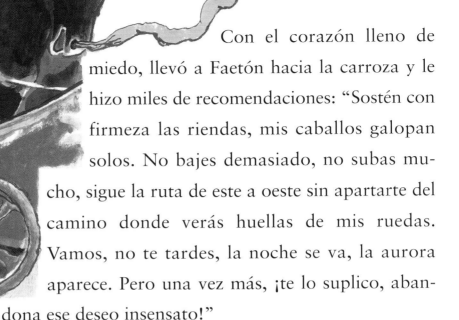

Con el corazón lleno de miedo, llevó a Faetón hacia la carroza y le hizo miles de recomendaciones: "Sostén con firmeza las riendas, mis caballos galopan solos. No bajes demasiado, no subas mucho, sigue la ruta de este a oeste sin apartarte del camino donde verás huellas de mis ruedas. Vamos, no te tardes, la noche se va, la aurora aparece. Pero una vez más, ¡te lo suplico, abandona ese deseo insensato!"

Faetón, presa de la emoción, ya no escuchó a su padre. Saltó a la carroza, impaciente por tomar las riendas y salió como una tromba.

Cuando los caballos alados se lanzaron por los aires, comprendieron que su guía no tenía el peso suficiente. Y empezaron a subir cada vez más alto en el cielo. Faetón, asustado, era incapaz de frenarlos: no sabía de qué lado tirar de las riendas, no sabía el nombre de los caballos y ni siquiera veía el camino.

Las figuras de animales monstruosos que las estrellas dibujan en el cielo lo hacían temblar de miedo. Cuando vio a Escorpión con sus pinzas y su aguijón amenazante, perdió la cabeza y soltó las bridas. Entonces ya nada pudo detener a los caballos de fuego. Desbocados, iban para todos lados, primero subieron tan alto que los astros se asustaron, luego bajaron tan cerca de la Tierra que sus llamas quemaron cultivos y bosques, incendiaron ciudades y secaron ríos. A su paso, todo era ruinas y cenizas.

Zeus, con el rostro deformado por la cólera, observaba la escena desde la cima del monte Olimpo. "Si continúa así, este joven descerebrado destruirá el mundo", gruñó.

El gran dios del Universo apuntó con el dedo a Faetón, quien murió al instante, fulminado.

El hijo del Sol cayó en un río. Las náyades recogieron su cuerpo y lo enterraron en una tumba: "Aquí yace Faetón, conductor de la carroza del Sol. No pudo dominarla, pero al menos tuvo la audacia de intentarlo".

La leyenda agrega que el carro del Sol terminó su carrera hacia el poniente, pero que al otro día, el desdichado padre, agobiado de dolor, no quiso conducirla: durante todo un día, el Sol no salió en la Tierra...

EL DESAFÍO DE ARACNÉ

uidado, mortales: ¡Ay de aquel que ose compararse con los dioses! Ésta es la terrible historia de la joven Aracné, quien se atrevió a desafiar a la diosa Atenea.

En Lidia vivía una joven de origen modesto que tejía con tanta habilidad, que sus dedos parecían volar sobre el telar. La gente venía de todos lados a admirar sus telas con espléndidos e ingeniosos dibujos. En su taller, sus admiradores le preguntaban a menudo si había sido alumna de Atenea, la diosa de los ojos glaucos que había inventado el tejido.

Orgullosa, Aracné respondía: "No soy alumna de nadie". Y un día incluso agregó: "Atenea puede venir a medirse conmigo, si se atreve".

La diosa, que había oído todo, se apareció enseguida con el aspecto de una anciana de cabello blanco. "Hija mía", le aconsejó a Aracné, "aprende cuál es tu lugar y no desafíes a una diosa. Todavía puedes arrepentirte de tus palabras y estoy segura de que ella te perdonará". La insolente no comprendió que se trataba de su última oportunidad y replicó secamente: "Guarda tus sabios consejos para tu hija o tu nuera; yo me aconsejo a mí misma. Además, si Atenea es tan diestra, ¿por qué no compite conmigo?"

A esta pregunta, Atenea respondió furiosa: "Aquí está, hija". Y la anciana dejó caer sus oropeles y la hija de Zeus apareció en todo su esplendor.

Durante un breve instante Aracné se ruborizó ante su propia audacia. Luego, el concurso entre las dos tejedoras comenzó: cada una se concentró en su propio trabajo. Atenea tejió un cuadro que la mostraba victoriosa, cuando liberó a la ciudad de Atenas de Poseidón. Todos los dioses la rodeaban, estaban tejidos con hilos de oro y púrpura. La diosa vengadora se esmeró en poner en los extremos de la tela sus advertencias: dibujó los castigos impuestos a los mortales que osan compararse con los dioses: algunos transformados en montañas heladas, otros en pájaros. La obra era esplendorosa: Atenea creía que ganaría fácilmente a su rival.

Sin embargo, cuando la diosa vio el trabajo de Aracné, palideció de rabia. Sobre la tela se veían los amores de Zeus y todas las metamorfosis del dios infiel para acercarse a las bellas mortales. Así, se veía convertido en toro para raptar a la bella Europa y en cisne para seducir a Leda. ¡Qué insolencia! ¡Atreverse a representar los amores adúlteros del dios de los dioses!

Pero la verdad es que Atenea enfureció al tener que reconocer la superioridad de su rival. ¡La tejedora de los dedos de oro era ella, Aracné, una simple mortal! Su tela, que encantó a todo el mundo, era de una belleza incomparable: tan vívida, que se veía el vaivén de las aguas del río.

La cólera de Atenea

Al no poder soportar esa humillación, la magna diosa se levantó y comenzó a desgarrar la tela. Luego usó la lanzadera como arma y golpeó violentamente a Aracné en la frente. La joven se levantó en silencio. Sólo la muerte podría hacerle olvidar tal afrenta. Se retiró a su habitación, tomó un lazo, lo ató alrededor de su cuello y se ahorcó.

Cuando Atenea descubrió el cuerpo en vilo de su rival, se apiadó de ella y se sosegó: "Vive, pero siempre penderás de un hilo, miserable. Tú y toda tu descendencia tejerán durante toda la eternidad". Con el jugo de una planta cuyo secreto conocía, preparó una metamorfosis: en cuanto el líquido se extendió sobre el cuerpo de Aracné, su cabello, su nariz y sus orejas cayeron al suelo. Su rostro y su cuerpo se fundieron hasta formar un vientre redondo alrededor del cual brotaron largas patas negras. Acto seguido empezó a secretar un interminable hilo transparente.

Así, Aracné se convirtió en la madre de todas las arañas que tejen sus telas incluso en nuestras casas.

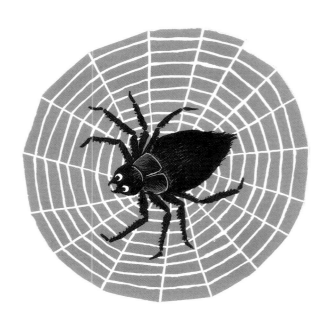

PERSEO,
EL VENCEDOR DE MEDUSA

La extraordinaria historia de Perseo comenzó incluso antes de su nacimiento. Su abuelo, el rey Acrisio, vivía aterrorizado con la posibilidad de tener un nieto porque un oráculo había predicho que ese niño lo mataría algún día. ¿Qué hacer para evitar que su hija única, la bella Dánae, no le diera un nieto? Acrisio escogió una solución radical: encerró a su hija con una criada en una prisión con paredes de bronce.

Pero Zeus, el más poderoso de los dioses, vio a la encantadora Dánae y se enamoró de ella. Este dios, un gran seductor, inventó una treta para introducirse en la habitación de la joven. Una noche, Dánae sintió en su seno una dulce lluvia de oro brillante, que se filtró por una estrecha ventana que daba al cielo... Era Zeus que se había metamorfoseado en finas gotas del metal precioso para acercarse a la bella.

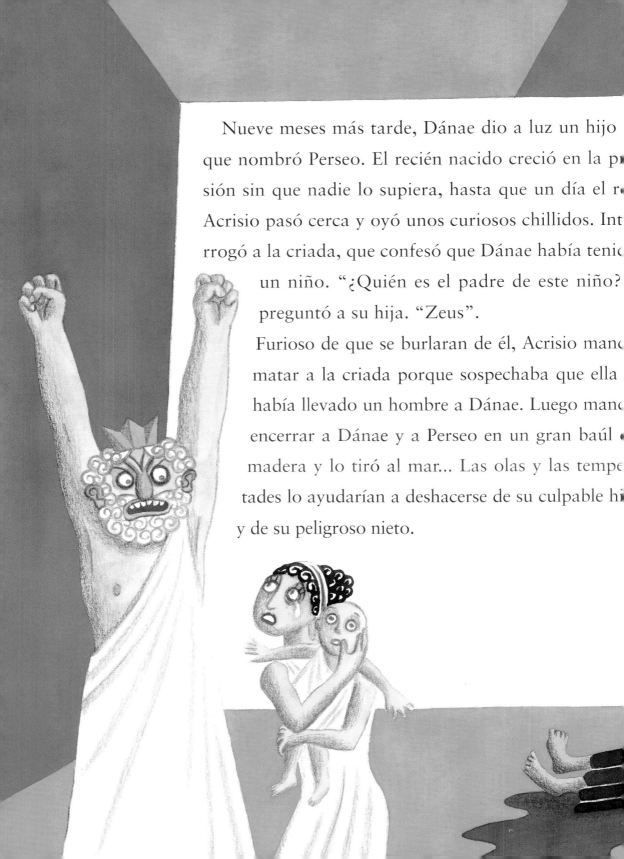

Nueve meses más tarde, Dánae dio a luz un hijo que nombró Perseo. El recién nacido creció en la prisión sin que nadie lo supiera, hasta que un día el rey Acrisio pasó cerca y oyó unos curiosos chillidos. Interrogó a la criada, que confesó que Dánae había tenido un niño. "¿Quién es el padre de este niño?" preguntó a su hija. "Zeus".

Furioso de que se burlaran de él, Acrisio mandó matar a la criada porque sospechaba que ella había llevado un hombre a Dánae. Luego mandó encerrar a Dánae y a Perseo en un gran baúl de madera y lo tiró al mar... Las olas y las tempestades lo ayudarían a deshacerse de su culpable hija y de su peligroso nieto.

Pero el baúl no se hundió. Al otro día encalló en la isla de Sérifos, donde un pescador recibió a la madre y al hijo. Pasaron los años y Perseo creció en inteligencia y fuerza. Era un muchacho cuando el rey de la isla, Polidectes, un cruel tirano, fue seducido por la belleza de su madre y se enamoró locamente de ella. Dánae rechazó sus cortejos y contaba con que su hijo la protegería. 'Cambiará de opinión si logro alejar a su hijo', pensó Polidectes. Entonces el tirano invitó a Perseo a un banquete y le dio a entender que renunciaría a casarse con su madre si le llevaba un regalo extraordinario. "¡Asunto arreglado! Te traeré la cabeza de Medusa la Gorgona", dijo el joven sin medir sus palabras.

¿Quiénes eran las Gorgonas? Tres espantosas hermanas, tres monstruos horrorosos dotados de inmensas alas de oro, largos colmillos de jabalí y una cabeza erizada de aterradoras serpientes. Peor aún: bastaba cruzar su mirada para ser transformado de inmediato en estatua de piedra. Dos de ellas eran inmortales, salvo Medusa.

Perseo había hablado sin pensar, sólo para impresionar al rey. Al día siguiente, cambió de opinión y propuso regalarle un caballo. Pero el tirano dijo: "No, me prometiste la cabeza de la Gorgona. ¡No quiero otra cosa!" Para Perseo era imposible desistir sin caer en desgracia...

La cabeza de Medusa

Polidectes había ganado: muchos hombres habían tratado de matar a Medusa y ninguno de ellos había regresado. Perseo estaba desesperado...

Pero no olvidemos que era hijo de Zeus. Otros dioses lo ayudarían, en especial la sabia Atenea y el astuto Hermes. Ellos le susurraron al oído las etapas que debía cumplir y la manera de superar las pruebas.

En primer lugar, Perseo tuvo que enfrentar a las Grayas para que le revelaran dónde se escondían las ninfas. Hermanas de las Gorgonas, las Grayas formaban un trío monstruoso: eran tres hermanas viejas y arrugadas de nacimiento. Su piel era amarilla y llena de arrugas y, sobre todo... sólo poseían un ojo y un diente para las tres. "Dame el ojo y el diente", graznaba una. "Devuélvemelos", eructaba la otra. ¡Tenían que esperar su turno para ver y para comer!

Perseo se escondió muy bien, pues, incluso con un solo diente, estos monstruos lo hubieran devorado. Luego, aprovechando el instante en que el ojo y el diente pasaban de mano en mano, se lanzó como una flecha para robarlos. Las Grayas se pusieron rabiosas, pero el joven no aceptó devolvérselos hasta que le indicaran el camino: tuvieron que aceptar.

Así, Perseo encontró a las ninfas, tres jóvenes tan encantadoras como horrorosas eran las Grayas. Luego de haberle explicado dónde encontrar a las Gorgonas, le regalaron tres objetos mágicos para ayudarle a vencerlas: sandalias aladas, como las de Hermes, para que pudiera volar; el casco de Hades, el dios de los infiernos, que hacía invisible al que se lo ponía; y una alforja para poner en ella la cabeza de Medusa cuando la hubiera cortado. Hermes, que velaba por su protegido, agregó un último regalo: una espada con una hoz capaz de cortar cualquier cosa.

Con ese equipo, Perseo voló a través de los mares para llegar a la isla habitada por las terribles hermanas. El espectáculo era pavoroso: alrededor de la gruta donde vivían las Gorgonas se levantaban estatuas de hombres valientes, transformados en piedra por haber cruzado su mirada con los monstruos.

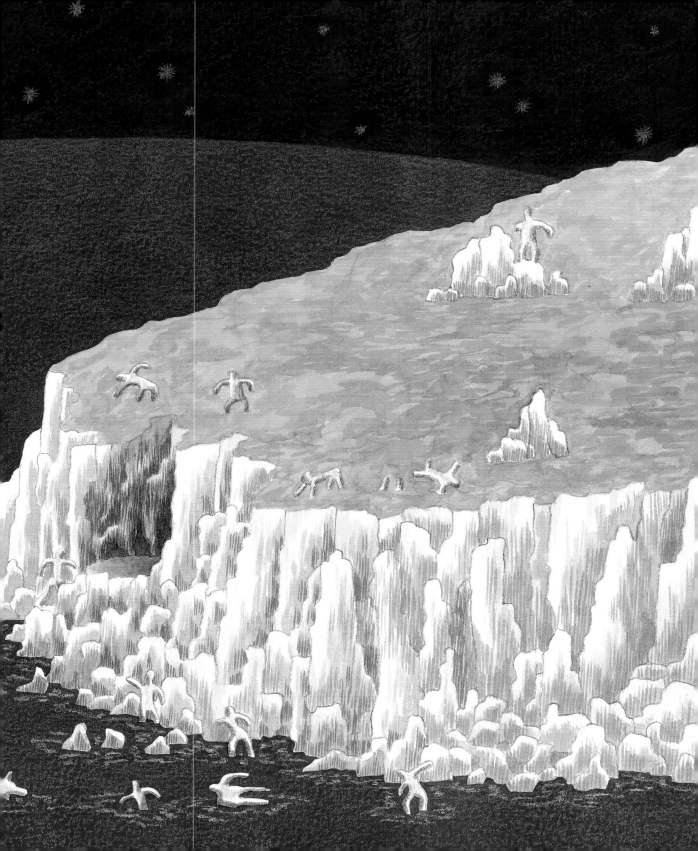

Aterrado, Perseo sintió un escalofrío, pero se repuso al notar la presencia de Atenea a su lado. Aprovechando el momento en que las dos Gorgonas inmortales estaban dormidas, la diosa blandió encima de Medusa su escudo pulido como un espejo. Perseo pudo así ver el reflejo del monstruo sin cruzar su mirada con ella. La visión heló la sangre en sus venas, pero caminando de espaldas, con la ayuda del espejo, vio la garganta de Medusa y de un solo golpe, le cortó la cabeza. Un chorro de sangre brotó, y de él surgió Pegaso, un maravilloso caballo alado. Con los ojos fijos siempre en el escudo, Perseo recogió la cabeza de Medusa. En un dos por tres la puso en su alforja mágica sin mirarla y huyó.

Con los gritos estridentes de su hermana, las otras dos Gorgonas se despertaron y se lanzaron a la persecución de Perseo. A pesar de que volaban, como él, el joven pudo escapar porque su casco lo hacía invisible.

La bella Andrómeda

Cuando volaba de regreso, Perseo vio a una joven atada a una roca que azotaban las aguas. Conmovido por su belleza y sus lamentos, bajó hacia ella y le preguntó las razones de su triste situación. "Es una larga historia", le respondió la joven, llamada Andrómeda, con la voz entrecortada por el llanto. "Mi madre, Casiopea, tuvo el atrevimiento de declarar que ella era más bella que las Nereidas, las divinidades marinas. Como castigo, Poseidón, el dios del mar, envió un monstruo que está asolando nuestro reino. Para que cese este flagelo, un oráculo sugirió a mi padre, el rey Cefeo, que me sacrificara a este monstruo..."

En cuanto pronunció esa palabra, Perseo avistó el pecho inmenso del monstruo que surgía de las aguas... Con el hocico abierto, se aproximaba a la bella Andrómeda; la joven gritó. En la orilla, sus padres lloraban, pues no podían hacer nada por ella. "Si mato a ese monstruo, ¿me darán la mano de su hija en matrimonio?", preguntó Perseo con premura. "Mil veces sí", respondieron al unísono. "Incluso te ofrezco mi reino", agregó Cefeo.

Perseo voló por los aires y se colocó entre el sol y el mar de manera tal que su sombra apareciera sobre el agua ante los ojos del monstruo. Creyendo ver una presa, la terrible bestia se lanzó furiosa contra la sombra. Entonces Perseo se montó en su espalda y le asestó un espadazo. Cruelmente herido, el monstruo se incorporó; sus ojos desprendían chispas de rabia. Perseo se apartó a tiro de ala y luego reanudó el ataque. Hundió de nuevo su arma en los flancos y en la garganta de la bestia sin darle tregua, hasta que desapareció en un gran mar de sangre. Aplausos y gritos de alegría retumbaron en la orilla. El rey y la reina saludaron al héroe y lo proclamaron su yerno. Andrómeda, liberada de sus cadenas, se lanzó en sus brazos...

La profecía

Llevando su alforja bien cerrada sobre el hombro, Perseo regresó a Sérifos para presentar Andrómeda a su madre. Después del alegre encuentro, esta última le contó su infortunio: "En tu ausencia, el rey Polidectes me obligó a aceptar que lo desposara. La boda se efectuará mañana".

Furioso, Perseo se precipitó al palacio para acabar con el malvado rey. Sin previo aviso, entró en la sala de banquetes donde Polidectes festejaba con sus invitados. "Mira, te traje lo que me pediste. ¡Aquí está la cabeza de Medusa!"

Al pronunciar estas palabras, miró para otro lado, sacó la cabeza de Medusa de su alforja y la blandió frente del rey y los asistentes. Al instante, todos se transformaron en estatuas de piedra.

Liberado de Polidectes, el héroe ofreció la cabeza de Medusa como homenaje a Atenea, quien la puso en su escudo; luego devolvió las sandalias aladas, la espada, el casco de invisibilidad y la alforja mágica a Hermes, a Hades y a las ninfas.

Acompañado por su madre y Andrómeda, Perseo fue a buscar a Acrisio, su abuelo, con la esperanza de reconciliarse con él.

Pero en cuanto se enteró de la llegada de su nieto, el anciano, aterrado por el augurio del oráculo, huyó a una ciudad vecina en la que se llevaban a cabo grandes fiestas deportivas, en especial, el concurso de lanzamiento de disco.

Al pasar por esa ciudad, el joven y vigoroso Perseo fue invitado a participar. Cuando tocó su turno, tomó impulso y lanzó el disco con todas sus fuerzas. Hizo un movimiento en falso y el proyectil aterrizó entre la multitud... justo en el cráneo de Acrisio, que había ido a ver los juegos.

Perseo mató entonces a su abuelo, pero involuntariamente... y la profecía se cumplió. Así lo quiso el destino.

Después de la muerte de Acrisio, Perseo dudó en ocupar el trono que le pertenecía. No quería ser el sucesor del que había matado, así que cambió su reino por el de su primo. Su reinado fue feliz y su mujer le dio varios hijos. Una de sus nietas, Alcmena, sería en el futuro la madre de Hércules.

Cuando Perseo murió, Zeus quiso honrar la memoria de este héroe que siempre fue valiente y respetuoso de los dioses; lo fijó en el cielo como una constelación de estrellas que desde entonces lleva su nombre.

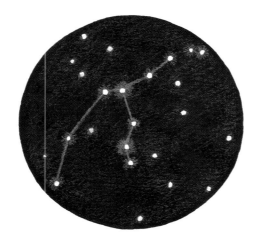

LAS AVENTURAS DE ULISES

Después de diez años de asedio y combate ante los muros de Troya, los griegos por fin habían logrado entrar en la ciudad: Ulises, el más astuto de sus jefes, concibió una trampa genial. Imagínense que en un inmenso caballo de madera se esconden más de cincuenta soldados. Los troyanos encontraron el caballo abandonado en la playa y, creyendo que era una ofrenda para los dioses, lo introdujeron en la ciudad. Al caer la noche, los soldados salieron de los flancos del animal y abrieron las puertas de la ciudad al resto del ejército: los griegos masacraron a los troyanos y saquearon sus riquezas.

Entonces Ulises, triunfante, al mando de una flota de doce navíos cargados con un botín fabuloso, tomó el camino de regreso a Ítaca, la isla de la que era rey. Por fin volvería a ver a Penélope, su mujer, y a su hijo Telémaco, que era un recién nacido cuando, diez años antes, él partió a la guerra...

Desde su partida, los navíos iban viento en popa. Ítaca ya no quedaba muy lejos. De repente, se desató una tormenta: Terribles vientos desgarraron las velas. Los marinos remaron hasta el agotamiento para tratar de llegar a la orilla, pero fue en vano... Los dioses habían decidido castigar a los griegos por sus crímenes: durante nueve días, Zeus desencadenó su rayo y sus relámpagos, lluvia, truenos y huracanes. El décimo día el mar por fin se calmó. La bruma se disipó y apareció la tierra firme.

El aterrador Cíclope

Habiendo desembarcado, los marinos mataron algunas cabras salvajes para comer. Luego se recostaron en la playa. Ulises no podía dormir: en la cima de la isla había visto gesticular a una silueta gigantesca, más alta que una montaña... Cuando surgió la aurora, no pudo resistir la curiosidad: "Permanezcan cerca de los navíos", ordenó. "Yo escalaré esas rocas de allá con doce de los más valientes de ustedes. Quiero averiguar si los habitantes de esta isla son hombres como nosotros o salvajes sin fe ni ley que desprecian a los dioses".

Llevando un odre de vino, el pequeño destacamento subió hasta una inmensa caverna que había en lo alto. Ulises entró primero y luego salió. "Vengan a ver estos quesos, estas jarras de leche y estos corderos. Sin duda aquí vive un pastor".

Sus compañeros lo siguieron a la gruta y empezaron a probar los quesos... Ulises se disponía a comer un pedazo cuando, de repente, un estruendo terrible hizo temblar el suelo.

En la entrada de la caverna apareció un gigante más alto que una montaña. Su cara era espantosa, su boca, enorme y tenía un solo ojo en medio de la frente, el cual brillaba bajo su ceja hirsuta. ¡Era el cíclope Polifemo! Aterrorizados, los hombres se refugiaron en el fondo de la caverna. El cíclope arreó su manada de ovejas al interior y luego empujó una enorme roca para cerrar la entrada. "¡Qué desgracia! ¡Estamos atrapados!", exclamó Ulises asustado.

El cíclope ordeñó a sus ovejas. De pronto, vio a los hombres agazapados en un rincón. "¡Ah!", rugió mirándolos con su ojo aterrador. "¿Quiénes son ustedes?" Su voz ensordecedora los paralizó de miedo. "Somos unos griegos que regresan de Troya", respondió Ulises. "Pero los dioses nos han puesto a errar. Te suplico que no nos hagas daño. En nombre de Zeus, recíbenos según las leyes de hospitalidad". El cíclope lanzó una carcajada cruel. "¡Pobre tonto! Los cíclopes se burlan de los dioses. El miedo a Zeus no me impedirá matarlos si quiero."

Dichas esas palabras, el cíclope extendió la mano y aprisionó a dos hombres de un solo golpe. ¡Crac! Aplastó sus cráneos en el suelo y luego los devoró. Después, bebió un balde lleno de leche y, una vez satisfecho, se recostó y se durmió.

Ulises sacó su espada. Cuando iba a dar el golpe, un pensamiento lo detuvo: 'Si lo mato ahora, estaremos atrapados. Veinte caballos no serían suficientes para mover la roca que tapa la caverna...'

A la mañana siguiente, para desayunar, el cíclope se comió a otros dos griegos y luego salió con sus ovejas. ¡Lástima! Puso de inmediato la roca en su lugar y Ulises y sus compañeros no tuvieron tiempo de escabullirse. Los prisioneros estaban desesperados. Ulises, por su parte, ingeniaba una trampa... Luego de descubrir una enorme estaca, talló su punta y la escondió en la basura.

Cuando llegó la noche, y el monstruoso cíclope se aprestaba a devorar a otros dos hombres, Ulises se acercó a él y le ofreció una copa del vino que llevaba: "Ten, cíclope, prueba este vino delicioso que te traje como regalo". A Polifemo le gustó tanto el vino que pidió más. "Amo este brebaje, hombrecito, dime tu nombre para que también te haga un regalo".

"Me llamo Nadie", repuso Ulises, el astuto, sirviéndole vino. "Curioso nombre", dijo el cíclope. "Dame más..."

Después de varios tragos, el cíclope, ebrio, declaró: "Para agradecerte esta... esta bebida, ¡hic!, me comeré a Nadie al último: ése es... es el regalo que te hago". Luego cayó de espaldas y se durmió.

"Vámonos", gritó Ulises. Haciendo acopio de todo su valor, dos de sus compañeros lo ayudaron a cargar la enorme estaca. Calentaron la punta en las brasas, luego escalaron por el gigantesco durmiente y hundieron la estaca ardiente en el único ojo del cíclope. Polifemo se levantó de un salto, rugiendo de dolor. Alertados por sus gritos, los demás cíclopes de la isla acudieron: "¿Qué te pasa, Polifemo? ¿Quién te hizo daño?" "Nadie", aulló Polifemo desde el fondo de la caverna. "Fue Nadie". "Si nadie te hizo daño, no nos despiertes por nada", gruñeron los cíclopes alejándose.

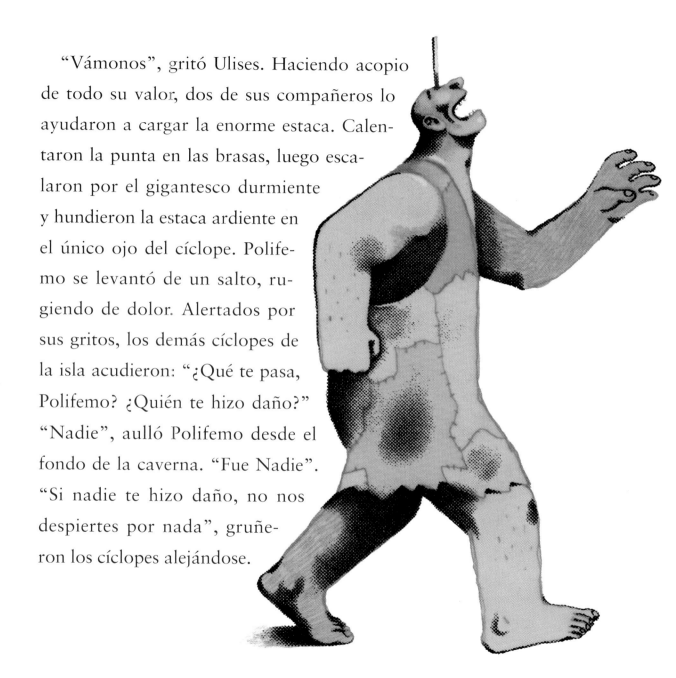

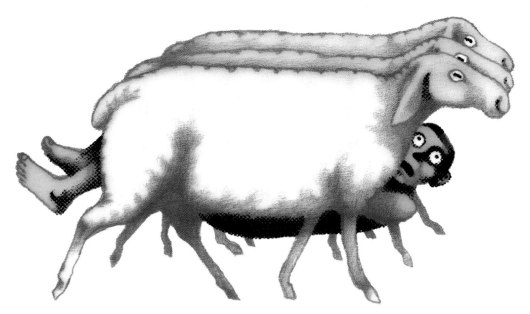

Torturado por el dolor, y además ciego, el gigante trató a tientas de mover la roca que bloqueaba la salida. Luego se sentó frente a la puerta con los brazos extendidos para atrapar a los griegos cuando trataran de huir. Ulises se preguntaba cómo escapar, pero enseguida ideó una nueva trampa. Ató a las ovejas de tres en tres y cada uno de los hombres se colocó debajo de la de en medio. Él mismo se sujetó del vientre de la más grande. A medida que las ovejas atravesaban la puerta, Polifemo les palpaba el lomo con cuidado para evitar que los malditos hombres escaparan con ellas, pero el cíclope no adivinó que se habían escondido bajo su vientre.

¡Uf! ¡A salvo! Los griegos corrieron cuesta abajo para llegar a su barco. Apenas se habían alejado de la orilla, Ulises no resistió las ganas de gritar su victoria. "Si quieres saber quién te ha dejado ciego, cíclope, entérate que fue Ulises, rey de Ítaca y vencedor de Troya". Enloquecido de furia, el gigante tomó una enorme roca y la lanzó hacia Ulises. Por suerte, el proyectil cayó al lado del navío y sólo provocó violentos remolinos. Entonces, el cíclope se dirigió a su padre, que no era otro que Poseidón, el poderoso rey del mar: "¡Padre, véngame de Ulises!" Poseidón, que oyó su plegaria, emplearía todos los medios para impedir que Ulises regresara a Ítaca...

Circe la hechicera

La flota de Ulises llegó a la isla de Lestrigones: esos gigantes caníbales hicieron una terrible carnicería. Ulises sólo pudo salvar a uno de sus navíos. Por ello, en la siguiente escala, Ulises desconfiaba. Así que envió una partida de reconocimiento a la isla mientras los demás cuidaban el barco.

Los exploradores caminaron largo rato antes de ver un palacio al fondo de un valle. Al ver las fieras que lo custodiaban, se asustaron y sacaron sus espadas. Sin embargo, curiosamente, en lugar de atacar a los hombres, los leones y los lobos se restregaron contra ellos para que los acariciaran. Luego apareció una mujer divina en la puerta del palacio: "Soy Circe", dijo. "Entren. Deben tener sed". Su voz era encantadora; su belleza, cautivante. Los hombres la siguieron. Los invitó a sentarse y luego les sirvió vino mezclado con miel que contenía un filtro de olvido. Lo bebieron con placer, y se pusieron a cantar y a reír. De repente, con un movimiento de varita, los transformó en cerdos.

Intranquilo ante la tardanza de sus exploradores, Ulises se internó en la isla. Se acercaba al palacio cuando delante de él apareció un joven con una varita de oro. Era Hermes, el dios astuto. "¿Adónde vas, infeliz?", dijo. "¿No sabes que aquí reina Circe, la hechicera? Para que los hombres se queden con ella, los transforma en bestias. Convirtió a tus compañeros en cerdos y también lo hará contigo. Sólo yo puedo salvarte. Toma esta hierba de vida que te protegerá contra los sortilegios de Circe".

Ulises tragó el contraveneno y fue al palacio de la hechicera. Como si no pasara nada, bebió el brebaje que Circe le sirvió en una copa de oro, pero cuando ella agitó su varita, en lugar de transformarse en cerdo, Ulises sacó su espada y la blandió sobre la diosa como para matarla. Entonces ella comprendió: "Tú eres Ulises, aquel cuya llegada Hermes me anunció, tú, el que resistiría mis encantamientos... Quédate en mi palacio y viviremos de amor".

"Circe, ¿cómo osas hablarme de amor cuando transformaste a mis hombres en cerdos? Primero libéralos y jura que no volverás a usar tus maleficios."

Circe hizo el juramento de los dioses. Luego llevó a Ulises a la porqueriza donde descubrió con estupor a sus compañeros que, transformados en cerdos, comían bellotas. Circe untó el cuerpo de cada uno con un ungüento mágico: de inmediato los cerdos volvieron a ser hombres, pero más jóvenes y apuestos que antes.

Una vez terminado el maleficio, todos los compañeros de Ulises fueron a disfrutar las delicias del palacio de Circe mientras la hechicera seducía al bello Ulises. Un año transcurrió en ese lugar idílico. Sin embargo, un buen día Ulises decidió irse. Circe le indicó el camino que debía seguir y la manera de evitar los peligros.

En el país de los muertos

Siguiendo los consejos de Circe, Ulises fue primero a los confines del país de los muertos para preguntar a Tiresias, el adivino, sobre su destino. Para convocar a los muertos, sacrificó un cordero.

El héroe sintió que se helaba de miedo cuando vio las sombras que llegaron a abrevar en la sangre del animal sacrificado para tomar un poco de vida.

También vio a sus compañeros de la guerra de Troya y a su madre, muerta de pena después de su partida. Por último llegó el adivino Tiresias: "Ulises", dijo, "¿quieres saber la verdad? Poseidón te odia porque cegaste a su hijo Polifemo. Te perseguirá todo el tiempo pero si superas las pruebas, finalmente regresarás a Ítaca".

La sombra de la madre de Ulises habló después: "Hijo mío", le dijo con voz dulce, "Penélope, tu mujer, presiente que estás vivo y cada noche llora tu ausencia... Pero no tardes mucho: cada vez le cuesta más alejar a los pretendientes que desean casarse con ella y ocupar tu lugar". Tiresias le dio un último consejo a Ulises: "Si deseas que tus hombres regresen vivos, impídeles que toquen las vacas sagradas de Helios... ya no puedo decirte más, las fuerzas me abandonan". Entonces todas las sombras se desvanecieron, devoradas por el mundo de los muertos.

El canto de las sirenas

"Desconfía de las sirenas", le había dicho Circe. "Esas criaturas mitad mujer, mitad pájaro son temibles: sus cantos melodiosos hechizan a los marineros y los atraen hacia las rocas, donde los navíos se estrellan". Por ello, cuando su navío avistó a las sirenas, el ingenioso Ulises tapó las orejas de todos sus compañeros con un pedazo de cera de abeja, así no oirían nada. Pero él no se tapó los oídos: quería conocer esos cantos embelesadores y pidió a sus marineros que lo ataran al mástil. "Mientras no hayamos pasado ese cabo peligroso, no me desaten, aun cuando se los ordene. Al contrario, aprieten más mis cuerdas". Entonces Ulises, con los pies y las manos atadas, permaneció amarrado al mástil. De repente, oyó cómo se elevaba un canto ligero, extraordinariamente armonioso... Alcanzó a ver a las sirenas encaramadas en un islote rodeado de osamentas humanas. Su voz era seductora: "Ven, ven, Ulises", cantaban. "Ulises, el victorioso, escucha el canto de tu gloria y descubre nuestros secretos..." Invadido por un placer desconocido, Ulises se moría por acercarse a ellas. "¡Desátenme! ¡Rápido! ¡Debo ir con ellas!", aulló a sus marineros que no podían oírlo. Se debatió, frunció las cejas para darse a entender. Los marinos, que adivinaron qué quería, apretaron más las cuerdas.

Cuando por fin se alejaron de las sirenas, los marineros desataron a Ulises, que temblaba de emoción. "Gracias", les dijo cuando recobró el sentido. "De no ser por ustedes habría muerto".

Caribdis y Escila

El navío tuvo que pasar entre dos rocas donde fue succionado por un espantoso torbellino. Sacudidos en todas direcciones, los marinos se aferraron a sus remos y lucharon con todas sus fuerzas para evitar ser aspirados al fondo del abismo llamado *Caribdis*. Sin que se dieran cuenta, se acercaron así a otro promontorio del que salían seis cabezas horribles: la monstruosa Escila atrapó a seis hombres y los devoró vivos... Circe le había anunciado este horror a Ulises: "Estas rocas son dos monstruos: no podrás escapar de Caribdis sin ser víctima de Escila".

Las vacas sagradas de Helios

Agotada, la tripulación llegó a la isla de Helios, el dios del Sol. "Coman las provisiones de a bordo o pescado", aconsejó Ulises a sus hombres. "Y por ningún motivo toquen las vacas de la isla. Es el rebaño sagrado del dios del Sol". Sin embargo, un día Ulises se quedó dormido y lo despertó un olor a carne asada: sus compañeros, hambrientos, lo habían desobedecido.

Ulises se desplomó: "¡Infelices de nosotros! La venganza de los dioses será terrible. Ahí están los primeros signos: los despojos de las bestias están caminando, los pedazos de carne mugen como si las vacas estuvieran aún vivas".

Apenas la tripulación se hizo a la mar, se desencadenó la más espantosa de las tempestades. El cielo se puso negro, una ráfaga de viento arrancó el mástil, un rayo de fuego partió el buque, olas de inaudita violencia se llevaron a todos los marineros. Sólo Ulises logró aferrarse a los restos del naufragio. Quemado por la sal y el sol, helado por el frío del agua y de la noche, estuvo a la deriva durante nueve horas... luego se desmayó.

El amor de Calipso

Cuando Ulises abrió los ojos, un rostro de diosa se inclinaba hacia él: Era la ninfa Calipso que lo había recogido y lo cuidaba. Se había enamorado de él y estaba decidida a no dejarlo partir. Durante siete años, lo retuvo en su isla paradisiaca. Sin embargo, Ulises no podía olvidar Ítaca y a su querida Penélope. A menudo iba a sentarse en un extremo de la isla para llorar. Un día Calipso fue a buscarlo: "Deja de llorar, Ulises. Los dioses me han ordenado que te deje partir... Pero, ¿cómo puedes preferir una mujer a una diosa? Si te quedas conmigo", agregó ella con la voz más tierna, "te daré... ¡la inmortalidad!, ¡la eterna juventud!" Ulises la miró a los ojos. "Es verdad, diosa, que eres la más bella, pero Penélope es mi esposa, la madre de mi hijo... no tengo más que un deseo, y es regresar a mi casa". "En ese caso", dijo Calipso, "te ayudaré a partir..."

El retorno a Ítaca

Después de muchas pruebas más, Ulises desembarcó en una playa sumida en la niebla. '¿Dónde estoy', se preguntó inquieto. De repente apareció una mujer con ojos color de mar. Era Atenea, la diosa de la sabiduría. "Ulises, ¡por fin llegaste a Ítaca!", le dijo. "Pero todavía no ganas la partida. Hace veinte años que estás ausente y los nobles sólo tienen una idea: casarse con tu mujer y convertirse en reyes en tu lugar. En espera de que ella se decidiera a escoger a uno de ellos, estos pretendientes se instalaron en tu casa: pasan todo el tiempo en festines y roban tu riqueza". Ulises sintió que la cólera lo invadía. "Penélope, que siempre espera tu retorno, ha ideado muchas trampas para rechazarlos. Durante mucho tiempo fingió que no podía casarse antes de terminar de tejer una sublime tela. Tejía y durante la noche deshacía su trabajo. Una criada reveló

la verdad. Los pretendientes, exasperados, exigen que ella tome una decisión hoy mismo". "¡Corro a salvarla!", exclamó Ulises. "No tan rápido", lo detuvo Atenea. "Si los pretendientes te reconocen, te matarán. Pero tengo un plan: disfrazado de mendigo, irás a la cabaña de Eumeno, el porquerizo. Allí te mandaré a tu hijo Telémaco".

Telémaco encuentra a su padre

Un poco más tarde, Ulises, disfrazado de mendigo, estaba sentado al lado del porquerizo, cuando llegó un hermoso joven.

"Querido príncipe Telémaco, ¿al fin has regresado?" "Sí, Eumeno, ya te contaré mi viaje, pero voy a avisarle a mi madre para que ya no se preocupe". Cuando Eumeno se fue, Ulises se levantó.

De pronto el viejo mendigo se convirtió en un hombre soberbio. Atenea, invisible, le había devuelto su aspecto anterior. "¿Acaso eres un dios para cambiar así de apariencia?", exclamó Telémaco, estupefacto. "No, hijo mío, soy yo, Ulises, tu padre. Atenea me disfrazó. He venido a solicitar tu ayuda para vencer a los pretendientes. Pero te suplico que, por ahora, no le digas nada a nadie".

Conmovidos hasta las lágrimas, padre e hijo se abra-
zaron. Luego los dos prepararon su plan de venganza.
Telémaco iba a regresar al palacio como si nada
hubiera pasado.

La llegada al palacio

Conducido por Eumeno, Ulises
llegó un poco más tarde al palacio
disfrazado de un viejo mendigo. Al
pasar, un perro lo olfateó y ladró
de alegría, antes de desplomarse,
muerto de la emoción. Ulises
enjugó una lágrima: ¡Argos,
su perro fiel, lo había reconocido!

Cuando el mendigo entró en el gran salón, los pretendientes disfrutaban de un festín. Telémaco le mandó
pan y carne, y luego lo invitó a pedir limosna alrededor
de la mesa. Algunos le dieron migajas al pobre hombre,
otros lo insultaron, uno de ellos incluso le tiró un taburete en la cabeza...

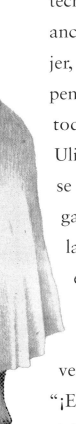

Al saber que habían golpeado a un mendigo bajo su techo, Penélope quedó horrorizada y mandó llamar al anciano. Muy emocionado, Ulises reconoció a su mujer, siempre bella, pero se cuidó de permanecer en la penumbra y disfrazó su voz para que no lo reconociera todavía. Cuando ella le preguntó de dónde venía, Ulises inventó toda una historia en la que le contó que se había cruzado con el glorioso Ulises y que éste llegaría pronto a Ítaca. "¡Me gustaría tanto que dijeras la verdad!", murmuró Penélope con el rostro bañado en lágrimas. "¡Lo espero desde hace tanto tiempo!"

A solicitud de Penélope, una vieja sirvienta llevó al mendigo a los baños para ayudarlo a lavarse. Al ver una cicatriz en la pierna del anciano, dio un grito: "¡Eres tú, Ulises, te reconozco! No puedes engañar a tu vieja nodriza. Esta herida... te la hizo un jabalí cuando eras niño. ¡Me acuerdo como si fuera ayer!" Ulises la abrazó tiernamente y le hizo jurar silencio.

La masacre de los pretendientes

Al otro día, Penélope, inspirada por Atenea, decidió organizar una competencia. En el gran salón, con un arco inmenso en la mano, se dirigió a los pretendientes: "Escúchenme, he decidido casarme con aquel de entre ustedes que logre tensar el arco de Ulises y atravesar con una sola flecha doce hachas alineadas".

Uno después de otro, cada uno de los pretendientes probó suerte. Ninguno pudo distender el arco de Ulises. El viejo mendigo encorvado avanzó para intentarlo. Los pretendientes aullaban de risa: "¡Ja, ja, ja! Miren a ese viejo loco, apenas se sostiene en sus piernas, y quiere desposar a una reina".

"¡No ofendan a nuestro huésped!", gritó Penélope. "Mejor digan que temen la vergüenza de ser vencidos. ¡Dejen que este hombre lo intente!"

Luego se retiró a sus aposentos, mientras Telémaco sigilosamente cerraba con candado las puertas del salón.

Entonces el falso mendigo tomó el arco, tensó la cuerda sin el menor esfuerzo y tiró la flecha a través de las doce hachas. La asamblea quedó muda de estupor. Pero sin perder tiempo, Ulises tiró otra flecha y mató a uno de los pretendientes. Enseguida, recuperó su habitual apariencia y exclamó: "¡Sí, Ulises ha regresado! Para ustedes, traidores, que han saqueado mi tesoro y hostigado a mi mujer, es tiempo de pagar" y, ayudado por Telémaco y la fuerza de los dioses, masacró a todos.

El secreto de los esposos

Después de purificar el lugar, Ulises mandó a su vieja nodriza a buscar a Penélope. "¡Baja, Ulises ha vuelto!", gritó mostrando su alegría.

Penélope no le creyó. "Confía en mí", insistió la nodriza, "reconocí su cicatriz. Es él, el mendigo, y acaba de matar a todos los pretendientes".

Con el corazón dándole un vuelco, Penélope bajó y se sentó cerca del fuego, frente a Ulises. Bajó la mirada y esperó a que su mujer hablara, pero estaba petrificada. "Madre, ¿tienes el corazón de piedra?", dijo Telémaco impaciente. "¿Cómo puedes permanecer indiferente ante mi padre después de años de sufrimiento?"

"Hijo mío", explicó Penélope, "estoy trastornada, y todavía temo una jugarreta de los dioses. Pero no te inquietes, entre Ulises y yo hay algunos secretos que me permi-

tirán reconocerlo sin lugar a dudas. Mientras, pide a una criada que saque mi lecho del dormitorio para que nuestro huésped descanse…" "¿Mover nuestra cama?", exclamó Ulises. "¡Eso es imposible!" "¿Y por qué?", preguntó Penélope cuyo corazón empezó a latir más aprisa. "Porque una de las patas de esa cama es un olivo enraizado en la tierra", explicó Ulises. "Conservé ese árbol que crecía en el patio cuando construí nuestro cuarto con mis propias manos. ¡Sólo tú y yo lo sabemos!"

Era el secreto que Penélope esperaba. Llorando de alegría, corrió para arrojarse a los brazos de Ulises, que la besó con pasión. "No me guardes rencor, Ulises, por haber buscado una última prueba, tenía miedo de equivocarme..." Atenea prolongó la noche y retrasó el alba. Por fin reunidos, Ulises y Penélope se amaron esa y todas las noches que siguieron hasta su muerte.